Ingrid Andreas

KOCHBUCH
OHNE REZEPTE

Küchenpraxis

VERLAG ANTON PUSTET

Ingrid Andreas

KOCHBUCH
OHNE REZEPTE

Küchenpraxis

VERLAG ANTON PUSTET

Impressum

Bibliografische Information der Deutschen Nationalbibliothek
Die Deutsche Nationalbibliothek verzeichnet diese Publikation
in der Deutschen Nationalbibliografie; detaillierte bibliografische
Daten sind im Internet über http://dnb.d-nb.de abrufbar.

© 2019 Verlag Anton Pustet
5020 Salzburg, Bergstraße 12
Sämtliche Rechte vorbehalten.

Bildnachweis
Bild S. 147, S. 159 unten: Tanja Kühnel
alle anderen Bilder mit Genehmigung von shutterstock.com

Grafik, Satz und Produktion: Tanja Kühnel
Team Lektorat:
Nastasja Pircher, Landwirtschaftliche Fachschule Klessheim
Beatrix Binder, Tanja Kühnel, Verlag Anton Pustet
Druck: Christian Theiss GmbH, St. Stefan im Lavanttal

ISBN 978-3-7025-0913-2

www.pustet.at

Weitere Bände der Reihe „Kochbuch ohne Rezepte"
Band 2: Mehl, Milch & Ei, ISBN 978-3-7025-0914-9
Band 3: Obst & Gemüse, ISBN 978-3-7025-0915-6
Band 4: Fisch & Fleisch, ISBN 978-3-7025-0916-3

Konservieren von Lebensmitteln

Kochen von A bis Z

Maße und Gewichte, Abkürzungen

Glossar und Index

Für Pflichtkocher, Kochmuffel, Vielkocher und Gernekocher

Einleitung

Dieses Kochbuch ist all denjenigen gewidmet, die Kochen für mühsam und aufwendig halten. Es ist aber auch für Gerne- und Vielkocher gedacht, die hier viele Tipps und Inspirationen finden. Auf jeden Fall soll es das Kochen leichter und lustvoller machen und zu einem besseren Gelingen beitragen.

Nicht zuletzt soll das Kochbuch (fast) ohne Rezepte, aber mit vielen guten Tipps dazu beitragen, sich besser zurechtzufinden im Dschungel des Küchenjargons: Wer das Sitzenbleiben ausschließlich aus seiner Schulzeit kennt, einen Spiegel nur an der Wand hängen hat und beim Schröpfen ans Finanzamt denkt, der wird hier eine Bewusstseinserweiterung erfahren. Er oder sie weiß dann, dass ein Wasserbad nicht nur etwas für Abkühlung Suchende ist oder ein Durchschlag durchaus auch im digitalen Zeitalter seine Berechtigung hat. Dass die Rottöne von Carpaccios Palette nicht nur auf den Gemälden des venezianischen Malers zu finden sind, sondern auch auf einem Speiseteller. Müßig zu betonen, dass Sie dann mit Hilfe einer Palette mehr tun können als bunte Kleckser auf die Leinwand zu pinseln. Mag sein, dass es manche gibt, die etwas pikiert sind, weil sie in diesem Kochbuch ohne Rezepte doch ein paar Anleitungen finden werden – sie teilen dann diesen Zustand mit einem Teig. Sie müssen sich aber deswegen nicht gleich vor Verzweiflung in den Römertopf stürzen oder ihren Kummer mit Wermut aufgießen, sondern können mit oder ohne Flotte Lotte in die Küche stürzen und sich ans Werk machen. Wir wünschen Ihnen dabei einen wahrlich durchschlagenden Erfolg!

Planung ist das halbe Leben ...

Das gilt auch für die Arbeit in der Küche: Am besten am Vorabend, jedenfalls einige Zeit vor dem Kochen, sollte man seine Vorräte in Kühlschrank und Speisekammer in Augenschein nehmen: nachsehen und überlegen, was man kochen könnte, was vorhanden ist, was noch eingekauft werden sollte. Dafür ist auch ein Einkaufszettel eine gute Sache, man vergisst nicht so leicht auf die wesentlichen Dinge, die man kaufen möchte, und vermeidet Fehlkäufe.

In diesem Zusammenhang steht die wunderbare Idee eines Zwei-Hauben-Kochs, eine Liste von all den Speisen anzufertigen, die man selbst ganz gerne kocht und die von allen Familienmitgliedern gerne gegessen werden. Eine solche Sammlung ist hilfreich, falls einmal die Ideen ausgehen sollten. Sie erleichtert die Planung und sorgt für mehr Abwechslung. Diese Liste lässt sich gut in ein persönliches Kochbuch integrieren, in dem man auch seine eigenen Rezepte festhalten kann.

Vorbereitung zum Kochen oder die „Mise en Place"

Darunter versteht man in der Profiküche das Bereitstellen und Zurichten möglichst aller Zutaten, die man für den Kochvorgang benötigt: Also das Schälen und Zerteilen von Kartoffeln, Zwiebeln, Knoblauchzehen, das Putzen und Zerkleinern von Gemüse, das Abwiegen von Mehl, Zucker und Teigwaren, das Bereitstellen von Gewürzen, Kräutern und Essenzen und noch viele weitere Vorbereitungsarbeiten.

Indem vieles schon vor dem eigentlichen Kochen erledigt wird, lässt sich Stress vermeiden. Angenehmer Nebeneffekt: Die Zutaten sind bereits gleichmäßig zimmerwarm, dadurch hat man bei Fleisch und besonders bei Fisch eine sehr viel bessere Kontrolle über den Garzustand.

Convenience

Dieser Begriff bedeutet wörtlich „Bequemlichkeit", „Zeitersparnis" oder „Erleichterung". In der professionellen Küchenpraxis zählen Convenience-Produkte zu bewährten Hilfsmitteln: Gemeint sind meist rohe, aber schon fertig zugerichtete Produkte wie geschnittene Zwiebeln oder geputzte und gewaschene Salate. Es können aber auch halbfertige Produkte wie Tiefkühlgemüse oder fertig gegarte Zutaten sein, auf die man zurückgreift. Sie erleichtern und beschleunigen die Weiterverarbeitung in der Küche.

Im privaten Haushalt sieht es etwas anders aus. Früher und teils auch heute noch hat man selbst Convenience-Produkte hergestellt, ohne sie als solche zu bezeichnen: Marmeladen, Geselchtes, Eingekochtes, Eingelegtes, Getrocknetes, Tiefgekühltes. Heute bedient man sich meist im Supermarkt. Auch Konserven gehören dazu, ebenso die vielen, leicht fertig zu kochenden Produkte wie Fertigsuppen in Pulverform, Puddingpulver, Knödelteige, Strudelblätter, Halbfertigreis und vieles andere mehr.

Chilled Food und Fresh Cut

Heute ist die Palette an Convenience-Lebensmitteln vielfältig wie noch nie, und sie wird laufend durch neue Angebote erweitert. Ein Beispiel sind Chilled-Food-Produkte – frische Speisen oder Smoothies aus dem Kühlregal. Diese Lebensmittel sind in unterschiedlichen Graden vorverarbeitet wie zum Beispiel: gewaschen, geschält, gewürzt, zusammengestellt, vorgegart oder verpackt. Sie werden auf 0 bis 8 °C heruntergekühlt. Das Besondere: Chilled Food ist frisch und kann sofort oder nach kurzer Erwärmung verzehrt werden.

Zunehmend gefragt ist auch der bequeme Genuss von Obst und Gemüse: Hinter sogenannten Fresh-Cut-Produkten stecken beispielsweise vorgeschälte Früchte, Gemüsehäppchen oder verzehrfertige Salate.

Auch Fertig-Würzmischungen aus dem Trockenproduktsortiment erfreuen sich hoher Beliebtheit.

Küchenhygiene

Damit nicht nur das Kochen Freude bereitet, sondern auch der Genuss der Speisen nicht getrübt wird, ist Hygiene beim Kochen und in der Küche das oberste Gebot. Bereits beim Einkauf sollte auf einwandfreie Ware und unbeschädigte Verpackungen geachtet werden. Auf keinen Fall Konservendosen kaufen, die zerbeult sind oder deren Deckel sich wölbt. Bei abgepackten Lebensmitteln gibt das Mindesthaltbarkeitsdatum den Zeitpunkt an, bis zu dem der Hersteller garantiert, dass das Lebensmittel bei korrekter Lagerung seinen Geschmack und sein Aussehen behält. Die meisten Lebensmittel sind auch über das Mindeshaltbarkeitsdatum hinaus noch eine gewisse Zeit genießbar. Hier sollte man auf seine Augen, seine Nase und seinen Geschmackssinn vertrauen.

Hygiene in der Küche beginnt beim Händewaschen. Man sollte die Hände vor jedem Arbeitsgang waschen und Seife verwenden, denn Wasser alleine tötet keine Keime ab. Dies gilt besonders bei der Arbeit mit rohem Fisch, Fleisch und vor allem Geflügel.

Alle verwendeten Küchenutensilien sollten ebenfalls hygienisch sauber sein. Am besten, man reinigt sie sofort nach Gebrauch mit Wasser und Spülmittel. Schneidbretter aus Holz sind durch ihre offene Oberfläche oft mit Keimen belastet und sollten sofort gereinigt werden. Alle anderen Utensilien kommen in die Spülmaschine. Spülschwämme und -lappen sollten regelmäßig erneuert oder ausgekocht werden, denn sie sind häufig mikrobiell stark belastet. Küchenhandtücher oder auch die Küchenschürze sollten regelmäßig in die Waschmaschine. Um die Haltbarkeit von Eingekochtem zu gewährleisten, müssen Gläser und Deckel sterilisiert werden (siehe Konservieren in Gläsern, S. 146ff) Beim Auftauen von Lebensmitteln ist auf die richtige Behandlung der Lebensmittel zu achten (siehe Unterschiedliches Auftauen, S. 184ff).

Rohe und gegarte Lebensmittel sollten immer getrennt gelagert werden, um keine Keime zu übertragen (Kreuzkontamination). Auch sollten verschiedene Lebensmittelgruppen wie Fleisch und Gemüse separat aufbewahrt und verarbeitet werden, um eine Keimübertragung zu vermeiden. Am besten, man verwendet unterschiedliche Behälter, Schneidbretter und Messer für die jeweiligen Zutaten.

Fisch, Fleisch und Geflügel immer ausreichend erhitzen: Die meisten Keime werden bei Temperaturen zwischen 70 °C und 100 °C abgetötet. Geflügel muss wegen der Gefahr von Salmonellen komplett durchgegart werden. Leicht verderbliche Ware wie Faschiertes sollte noch am selben Tag verarbeitet und gründlich angebraten werden. Rohmilch ist vor dem Verzehr immer abzukochen.

Wird doch einmal rohes Fleisch (Tatar) oder Fisch (Sushi) verarbeitet, so ist auf absolute Frische und höchste Qualität zu achten. Hierbei ist eine ununterbrochene Kühlkette unabdingbar. Am besten mit einer Kühltasche oder Kühlbox einkaufen! Auch rohe Eier nur absolut frisch verarbeiten.

Bleiben gekochte Reste übrig, so kann man diese, sauber verpackt, je nach Art des Lebensmittels noch ein bis zwei Tage im Kühlschrank aufbewahren oder auch tiefkühlen. Einige Speisen wie Rinderrouladen oder Gulasch gewinnen durch die Lagerung im Tiefkühler auch an Geschmack und werden noch zarter.

Krankheit und Verletzungen

Man sollte nicht für andere kochen, wenn man erkältet ist oder an einer Magen-Darm-Infektion leidet. Selbst bei ausgezeichneter Hygiene können Erreger über Schmierinfektion an andere Personen übertragen werden. Bei kleinen Verletzungen oder offenen Wunden verwendet man am besten ein wasserdichtes Pflaster und trägt an der verletzten Hand einen Einweghandschuh.

Selbst gemachte Kochhilfen

Was jeder einzelne Küchenpraktiker für sich als *convenient*, also bequem betrachtet, ist sehr unterschiedlich. Für den einen ist es der vorgefertigte Strudelteig, für andere das komplette Fertiggericht oder gar der Pizzaservice. Im Grunde sind aber alle küchenintern vorbereiteten Nahrungsmittel schon *Convenience Food*, das reicht von den selbst gemachten Würzölen bis hin zur Kräuterpasten, Suppenfonds oder Saucen. Allen gemeinsam ist das Ziel, bei der Zubereitung Zeit zu sparen und das Kochen zu erleichtern.

Deshalb ist es ratsam, sich einen speziellen Vorrat an solch selbst gemachten Convenience-Produkten anzulegen. Die hier im Folgenden angeführten Beispiele als Hilfe zum raschen Kochen können portionsweise im Kühlschrank, im Tiefkühler oder auch in Gläsern bereitgehalten werden.

Zur Entnahme sollte man immer sauberes Besteck verwenden, denn Schimmel kann sich auch durch geringfügige Verunreinigungen sehr rasch bilden und die Lebensmittel ungenießbar machen, vor allem, wenn sie ohne chemische Konservierungsmittel hergestellt wurden. Marmeladen und Fruchtaufstriche mit besonders hohem Fruchtanteil und geringem Gesamtzuckergehalt neigen rascher zur Gärung und Hefebildung als stark zuckerhaltige Produkte. Je natürlicher sie sind, desto kürzer ist leider auch ihre Lebensdauer.

Die Haltbarkeit nach dem Öffnen wird durch verschiedene Faktoren beeinflusst: einerseits durch die Produktzusammensetzung und -qualität, zum Beispiel den Zuckergehalt, die Lagerung, aber auch durch den Umgang mit dem Produkt. Die Temperatur und Hygienebedingungen im Kühlschrank sind ein weitere Faktoren, ebenso der sachgemäße Wiederverschluss des geöffneten Glases sowie die Frequenz der Entnahme. Früchte in Alkohol oder mit hohem Zuckergehalt, aber auch in Essig eingelegte Gemüse und Salate sind länger haltbar. Alkohol, Zucker und Essig haben eine konservierende Wirkung.

Kräuter auf Vorrat

Kräuter halten im Kühlschrank mehrere Tage lang, wenn man sie so frisch wie möglich in einem verschlossenem Glas aufbewahrt. Damit sie sauber und unversehrt sind, werden sie vorher zu einem Strauß geordnet und kurz gewaschen. Das Wasser wird ausgeschleudert und der Kräuterstrauß in ein Glas Wasser gestellt, um wieder zu trocken.

Zum Einfrieren die gereinigten und getrockneten Kräuter in einen Folienbeutel füllen und einfrieren. Schneiden muss man sie dazu nicht, denn die gefrorenen Kräuter im Säckchen zerbrechen sowieso bei jeder Bewegung.

Blanchieren und dann einfrieren: Kräuter blanchiert man zur Farberhaltung in kochendem Wasser ganz kurz, etwa 3 bis 5 Sekunden, je nach Festigkeit der Blätter, danach werden sie sofort in eiskaltes Wasser getaucht und anschließend mit einem Küchentuch abgetupft und eingefroren.

Nicht alle Kräuter eignen sich gleichermaßen zum Blanchieren und Einfrieren: Kräuter mit vielen ätherischen Ölen wie Rosmarin, Salbei oder Thymian trocknet man besser oder stellt eine Würzflüssigkeit her, aus Basilikum bereitet man Pesto.

Würzöle und Würzflüssigkeiten

Gewürze in heißem Öl ausziehen

Die Gewürze etwas zerkleinern, aber nicht reiben. Sie werden in reichlich hoch erhitzbarem, neutralem Öl so lange gebraten, bis das Öl den Geschmack der Gewürze angenommen hat und intensiv duftet. Damit erhält man ein würziges Bratöl. Hier sollte darauf geachtet werden, dass das Öl nicht zu heiß wird und die Gewürze nicht verbrennen. Das Öl wird zusammen mit den Gewürzen abgefüllt und aufbewahrt.

Kalte Würzöle

Für ein würziges Knoblauchöl eignet sich am besten ein kaltgepresstes Öl, in das man einige geschälte und von der Stinkwurz befreite Knoblauchzehen gibt. Dafür werden die geschälten Knoblauchzehen der Länge nach halbiert und der Trieb in der Mitte entfernt. Je nach Geschmack kann die Menge an verwendeten Zehen variieren. So lässt man es für etwa 1 bis 2 Wochen an einem kühlen, dunklen Platz stehen. Der eingelegte Knoblauch kann in der Flasche bleiben oder nach und nach verwendet werden. Vorsicht: Wenn er sehr lange steht, kann er auch zu gären beginnen. Die Gärung ist an aufsteigenden Luftbläschen zu erkennen. Spätestens dann sollte das Öl abgegossen werden.

Chili-Öl zum schnellen Würzen

Fein geschnittene Chilistreifen oder auch nur –kerne mit einigen Kräutern und, je nach Geschmack, auch geschälten Knoblauchzehen in eine Flasche mit nativem, also naturbelassenem Olivenöl extra geben und einige Zeit stehen lassen. Dieses Öl sollte nicht erhitzt werden.

Kräuteröl

Mit Kräutern kann man das Brat- oder Salatöl selbst aromatisieren: Dazu wählt man am besten Kräuterstängel nach Geschmack, wäscht diese und trocknet sie sorgfältig. Erst wenn sie ganz trocken sind, sollten sie ins Öl gegeben werden.

Petersilienöl

Petersilienblättchen waschen und trocknen, in einem Sieb blanchieren und mit nativem Olivenöl extra mixen. Anschließend lässt man die weiße Emulsion durch ein feines Sieb in ein Auffanggefäß laufen. Dadurch wird gewährleistet, dass später keine Petersilienblättchen die Spritztülle verlegen. Anschließend füllt man das Öl in cinc Spritzflasche um. Das Öl spritzt man über frisch gebratenes Gemüse oder über Fisch.

Steinpilzöl

Man gibt getrocknete Steinpilze in eine Flasche mit Öl. Will man dieses Öl zum Braten verwenden, nimmt man hoch erhitzbares Öl, andernfalls natives Olivenöl extra. Mindestens drei Wochen lang sollte die Flasche im Dunkeln stehen. Danach die Pilzscheiben entfernen und fein geschnitten in einer Zubereitung verwenden.

Trüffelöl

Es eignet sich hervorragend, um Gerichten eine einzigartige Würze zu verleihen. Einige Tropfen davon im Kartoffelpüree oder in der Eierspeise verleihen einen tollen Geschmack. Dafür hobelt man zunächst 10 g Trüffel. Die Trüffelsplitter werden daraufhin mit 200 ml Öl in eine Flasche gegeben. Nach 2 bis 3 Tagen hat das Öl das Trüffelaroma angenommen.

Orangenöl, Orangensauce

Von einer schönen, dickschaligen und ungespritzten Orange löst man die Haut weitgehend ohne die weiße Schicht ab und schneidet sie dann in etwa 2 cm breite Streifen. Man gibt sie in einen kleinen Topf und gießt Sonnenblumenöl darüber. Diese Mischung erwärmt man auf etwa 80 °C, sie darf also nicht kochen, sollte aber heiß sein. Nach kurzer Zeit stellt man den Topf zur Seite und lässt das Öl auskühlen. Eine Aufbewahrung im Kühlschrank ist zu empfehlen. Orangenöl ist vielseitig verwendbar, etwa für das Braten von Fisch oder das Abschmecken von Marinaden. Für eine Orangensauce wird das Öl mit Orangensaft aufgegossen und anschließend reduziert.

Ingwersirup

Durch seine leichte Dosierung ist Ingwersirup ein beliebtes Hilfsmittel in vielen Küchen und ein bewährtes Hausmittel bei Erkältungen. Ein Schuss Ingwersirup im Tee oder Kakao gibt eine gewisse Raffinesse. In der Küche verwendet man Ingwersirup für Wokgerichte oder beispielsweise zum Verfeinern von glasierten Karotten. Die Würzkraft ist hier immer gleich, denn ein Glas voll bietet ja immer den gleichen Geschmack, ist nie schärfer oder milder, die Süße des Honigs fällt nicht ins Gewicht!

Ingwersirup auf Vorrat herstellen: 100 ml Wasser und 100 g Honig aufkochen, vom Herd nehmen; 100 g geschälten und in Scheiben geschnittenen Ingwer dazugeben und danach 25 Minuten auf kleinster Flamme ziehen lassen. Den Saft einer Zitrone dazugeben und nochmals 15 Minuten ziehen lassen. Noch heiß zusammen mit dem Ingwer in ein Glas mit Schraubdeckel geben. Abkühlen lassen und im Kühlschrank aufbewahren. Der Ingwer muss dabei immer mit Flüssigkeit bedeckt sein.

Balsamico-Emulsion

Diese dickliche Sauce ist sehr geschmacksintensiv. Sie kann als Dekoration auf den Teller aufgespritzt werden, dient aber auch als Marinade für Salat oder gebratene Pilze und passt zu Fisch, zu gebratenem Gemüse, zu Shrimps oder über dünn aufgeschnittenes Fleisch.

Da diese Marinade sehr würzstark ist, sollte man mit der Menge vorsichtig sein. Bei der Herstellung wird 1,5 l normaler Balsamicoessig auf 250 ml reduziert, das heißt eingekocht. Die erkaltete Reduktion mischt man mit 200 ml Öl, zum Beispiel Haselnussöl, und 2 Eidottern. Diese Masse schlägt man im Standmixer oder mit dem Pürierstab wie eine Mayonnaise auf.

Wichtig ist, dass alle Zutaten die gleiche Temperatur haben. Diese Mischung hält im Kühlschrank 2 bis 3 Wochen. Vor dem Entnehmen immer kräftig schütteln. Die Eidotter werden durch den Essig konserviert.

Würzessige

Ebenso wie bei Öl kann man Essig durch Zugabe von Kräutern, Früchten und Gewürzen aromatisieren. Die Aromen gehen dabei durch Mazeration in den Essig über und werden so konserviert. Verwendet werden sollte ein hochwertiger Essig, beispielsweise Apfel- oder Weinessig.

Klassische Kräuter für Würzessige sind unter anderem Estragon, Kerbel, Thymian, Rosmarin oder Basilikum.

Trockene Gewürze wie Chili, Koriander, Pfefferkörner usw. legt man entweder über mehrere Wochen in Essig ein oder man kocht den Essig mit den Gewürzen auf, filtert die Flüssigkeit und füllt sie in Flaschen. Dieser Essig kann sofort verwendet werden. Das Aroma gewinnt mit der Lagerung.

Auch Blüten oder Früchte, beispielsweise Himbeeren, können zum Aromatisieren von Essigen verwendet werden. Bei allen Essigen ist zu beachten dass die Aromastoffe vollständig vom Essig bedeckt sind, um Schimmelbildung zu vermeiden.

Tomatensauce

Diese Mischung passt sehr gut für Spaghetti, als Marinade für Nudelsalat oder einen gemischten Gemüsesalat.

Man benötigt 6 vollreife, große Tomaten und 150 g geschälte Dosentomaten mit Saft. Die Tomaten zerschneiden und den Stielansatz entfernen. Alles in eine Schüssel geben und mit Salz, Pfeffer, Zucker, Zitronensaft, einer gehackten Knoblauchzehe und mit einem Schuss Essig pikant abschmecken. Etwas Wasser und 8 Esslöffel Öl einrühren und eine kleine Handvoll gehackte Basilikumblätter untermischen. Diese Mischung lässt man nun 2 bis 3 Stunden marinieren. Bei kleiner Hitze dann etwa eine Stunde köcheln lassen. Durch ein Sieb passieren und abschmecken. Füllt man diese Sauce heiß in Einmachgläser, hält sie sich so lange wie Marmelade.

Würzcremen

Diese Pasten und Cremen sollte man, außer der Knoblauchcreme, nicht erwärmen. Durch das Kochen würde sich der feine Geschmack verflüchtigen.

Knoblauchcreme

Man nimmt die Zehen einer ganzen Knolle Knoblauch, schält sie und entfernt die Stinkwurz. Dafür wird die Knoblauchzehe der Länge nach halbiert und der Trieb in der Mitte entfernt. Anschließend püriert man die Knoblauchzehen mit etwas Olivenöl. Wenn man ein wenig Zitronensaft zugibt, hält sich die Farbe besser. Die Knoblauchcreme gibt man in ein Schraubglas. Um eine bessere Haltbarkeit zu erzielen, bedeckt man die Paste mit Olivenöl. Zum Entnehmen der Paste immer sauberes Besteck verwenden und dafür sorgen, dass das Öl die Paste als Luftabschluss immer bedeckt. Fertige Knoblauchpasten sind zwar in jedem Supermarkt erhältlich, dennoch macht die eigene Herstellung mehr Spaß und man kann mit gutem Gewissen und ohne sonstige Zusätze genießen.

Knoblauchbutter

Ganze Knoblauchzehen in reichlich Butter aufschäumen und abkühlen lassen. Den Knoblauch entfernen. Je nach Menge der zugegebenen Zehen wird die Butter milder oder stärker nach Knoblauch schmecken. Die Knoblauchbutter verwendet man zur Verfeinerung von Fleisch, Gemüse, Püree oder Pizza.

Gemüsemark

Es eignet sich als dekorative und gut schmeckende Sauce. Man kann sie aus den verschiedensten Gemüsearten herstellen, sie passt zu Nudeln, über Salate, zu gebratenem oder gedünstetem Gemüse und als Sauce zu Fisch, Meeresfrüchten oder zu Fleisch.

Paprikamark

500 g roter, gelber oder auch gemischter, in Streifen geschnittener Paprika wird leicht angebraten. Von der Verwendung von grünem Paprika ist abzuraten, da er durch seine Bitterkeit den Geschmack beeinträchtigt. Mit wenig Wasser oder Wermut und einem Schuss Weißweinessig oder auch mit karamellisiertem Zucker weich dünsten. Dann püriert man die Masse. Um die Schalen zu entfernen, streicht man das Paprikamark durch ein Sieb.

Alternativ kann man die Paprikahälften vor dem Schneiden im Backofen knapp unter dem Grill für 10 Minuten bei 250 °C grillen, bis die Schale beginnt schwarz zu werden. Dann die Paprika mit einem feuchten Tuch abdecken und abkühlen lassen. Die Schale lässt sich dann ganz leicht ablösen und es gibt ein rauchiges Aroma.

Für eine längere Haltbarkeit nochmals kurz erhitzen und anschließend in gut verschließbare Gläser abfüllen.

Kräuterpaste

Für die Kräuterpaste können sämtliche grünen Kräuter verwendet werden, die in Suppen oder Saucen als Geschmackszutat oder zur Färbung benötigt werden. Geeignet sind zum Beispiel Petersilie, Rucola, Basilikum, Thymian oder Bärlauch.

Die Kräuter werden am Stängel zur Farberhaltung in kochendem Wasser ganz kurz, etwa 3 Sekunden, blanchiert und danach sofort in eiskaltes Wasser getaucht. Die blanchierten Kräuter ausschütteln, Blätter abzupfen und mit einem sauberen Küchenhandtuch trocknen. Mit Olivenöl fein mixen. Die Paste wird mit Öl als Luftabschluss in einem Schraubglas im Kühlschrank bereitgehalten. Sie hält sich je nach Empfindlichkeit der Kräuter mehrere Wochen. Diese Kräuterpasten werden den Speisen entweder pur zugegeben oder besser noch ganz zuletzt zum Würzen oder Färben untergemischt. Wichtig ist, dass man sie nicht mehr mitkocht, denn das würde den feinen Geschmack zerstören. Mit dieser Paste kann man Kartoffelpüree, Cremesuppen, Saucen und Teige wunderbar grün färben.

Würzgemüsepaste

Sehr gut geeignet zum Würzen für Suppen, Eintöpfe und sonstige pikante Zubereitungen: 700 g Suppengemüse werden fein geraspelt und glasig angebraten für mehr Geschmack. Kräuter werden, je nach Belieben, hinzugegeben. Das Gemüse mischt man nun mit 100 g Salz. Durch das Salz wird es konserviert und hält sehr lange. Eventuell könnte es ein wenig braun werden, was aber nicht von Bedeutung ist. In einem Schraubglas im Kühlschrank bereithalten und nur mit sauberem Besteck entnehmen.

Spinatblättercreme als Färbemittel

Ein sehr gutes Mittel, um Saucen, Püree, Cremesuppe oder Teig dunkelgrün zu färben: Von den Stielen befreiter und blanchierter Spinat wird trocken getupft und ohne Zugabe von Flüssigkeit gemixt. Man gibt diese Paste anstelle eines Teiles der Flüssigkeit – sonst wird der Grundteig zu flüssig – zur rezeptierten Masse. In passiertem Zustand kann der Spinat eingefroren werden.

Einsatz von Kräutersalz

Zum Abschmecken von Gerichten ist Kräutersalz ideal. Seine Herstellung ist einfach, wobei es sowohl bei der Verwendung der Kräuter als auch beim Mischverhältnis unterschiedlichste Ansätze gibt. Es können frische oder getrocknete Kräuter verwendet werden. Das Mischverhältnis variiert von 2 Teilen Kräuter auf 1 Teil Salz bis 9 Teile Salz auf 1 Teil Kräuter – je nach Gusto.
Es gibt mehrere Möglichkeiten, Kräutersalz herzustellen:
2 Teile küchenfertige Kräuter mit 1 Teil Salz im Cutter zu einer Paste vermahlen, diese auf ein mit Backpapier ausgelegtes Backblech streichen und im Backrohr bei 45 °C trocknen. Diese Kräutersalzkruste dann im Cutter wieder zerkleinern, luftdicht in ein Glas abfüllen und zum Würzen von passenden Speisen verwenden.
Oder man trocknet erst die Kräuter und vermahlt sie anschließend mit dem Salz im Cutter.
Als dritte Möglichkeit trocknet man die Kräuter zuerst, zerkleinert sie dann und mischt sie anschließend mit dem Salz.
Italienisches Kräutersalz wird meist aus Thymian, Basilikum und Rosmarin hergestellt. Fichtennadelsalz passt zu Wild, Salbeisalz zu Geflügel oder Kalb, Schnittlauchblütensalz eignet sich gut als Dekoration.

Pesto, die italienische Kräutercreme

Für 4 Personen: 100 g Blätter vom Löffelbasilikum, also vom breitblättrigen Basilikum, 50 g Petersilienblätter und 30 g Blattspinat ohne Stängel mit einem sehr scharfen Messer in Streifen schneiden – nicht hacken, sonst gehen die ätherischen Öle verloren und das Pesto wird grau. Man gibt alles in einen Standmixer und gibt noch eine gehackte Knoblauchzehe, 100 ml natives Olivenöl extra, 100 g lauwarme Butter und 30 g goldgelb geröstete Pinienkerne dazu.

Nun mixt man alles, bis eine feine Creme entstanden ist. Eventuell würzt man noch mit Salz, Pfeffer und geriebenem Parmesan. Auch Trüffelöl gibt eine interessante Note. Man sollte jedoch darauf achten, dass nicht zu viele verschiedene Geschmackskomponenten verwendet werden, denn weniger ist oft mehr. Pesto wird grau, wenn es zu lange gemixt wird, denn durch die rotierenden Messer erwärmt es sich und verliert seine grüne Farbe. Benötigt man größere Mengen, so empfiehlt es sich, es in mehreren Portionen möglichst kühl zu verarbeiten. Eventuell den Mixer vorkühlen.

Das Pesto passt zu Nudeln, zum Würzen für gekochtes, kaltes Rindfleisch in Scheiben, über gebratene Pilze oder Gemüsestücke sowie als Dekor auf dem Teller. Verdünnt werden kann es mit Sauerrahm oder mildem Joghurt als Sauce beziehungsweise als grüner Spiegel zur Dekoration der Teller.

Suppen und Fonds

Klare Suppe, Brühe, Knochenbrühe, Fleischsuppe, Bouillon, Consommé, Fond, Jus, Glacé: All diese Ausdrücke und noch mehr haben ihren Ursprung in der klaren Suppe, die, je nach Zutaten und Zubereitung, eine andere Bezeichnung bekommt.

Eine Suppe wird durch spezielle Zubereitung hergestellt, bei einer Fleischbrühe kommen Knochen, Fleisch und Suppengemüse hinein, bei einer Gemüsesuppe nur letzteres. Eine gute Suppe herzustellen ist nicht sehr schwierig, man muss allerdings einiges beachten, damit man ein gutes Ergebnis erhält.

Suppe, Jus oder Fond

Sie sind eine ideale Grundlage für viele Speisen und Saucen und lassen sich in kleineren Portionen einfrieren, zum Beispiel in Eiswürfelbehältern.
Tipp: Wenn man beim Einfrieren von Flüssigkeiten die gefüllten Beutel in ein viereckiges Gefäß legt, so bekommt man Päckchen, die sich leicht und platzsparend stapeln lassen.

Grundlagen für eine klare Suppe

Alle klaren Suppen werden offen, das heißt ohne Deckel zubereitet. Zum einen würde herabtropfendes Kondenswasser die Suppe verwässern, zum anderen muss der aufsteigende Schaum unbedingt abgeschöpft werden. Er besteht aus den Eiweiß- und Trübstoffen des Suppenfleisches und sinkt sonst zurück in die Suppe, verbindet sich mit ihr und trübt diese ein, wenn die Eiweißstoffe nicht entfernt werden. Je mehr Fleisch mitkocht, desto kräftiger wird eine Suppe.

Suppen immer mit kaltem Wasser zustellen, damit alle Zutaten Zeit haben, gründlich auszukochen und dabei ihre Geschmacksstoffe abzugeben.

Aufgegossen wird nur mit kaltem Wasser, damit das Fett aufsteigen und mit dem aufsteigenden Schaum abgeschöpft werden kann.

Langsam, nur ganz leicht wallend kochen, sonst wird die Suppe trüb, weil sich vorhandenes Fett in die Flüssigkeit einkocht.

Nie salzen, erst ganz zuletzt! Die Suppe wird schon durch die Zubereitung und das Reduzieren sehr würzig und kann sehr rasch zu salzig sein.

Beim Abkühlen der fertigen Suppe nie einen Deckel verwenden, die Suppe kann sonst sauer werden. Der aufgelegte Deckel verzögert das weitere Abkühlen der Suppe im Topf, da die Luft oberhalb der Suppe nicht ordentlich zirkulieren kann. Je nach Menge der Suppe und Art des Gefäßes (dünnwandig oder wärmespeichernd) kann das auch dazu führen, dass die Suppe selbst am nächsten Tag noch nicht auf die Mindesttemperatur für die Lagerung von Lebensmitteln von 7 °C abgekühlt ist.

Unter dem Deckel herrscht eine hohe Luftfeuchtigkeit, was man auch an dem sich am Deckel niederschlagenden Kondenswasser leicht erkennen kann. Das sind in Verbindung mit einer Temperatur oberhalb von 7 °C fast schon ideale

Bedingungen für eine Bakterien- beziehungsweise Hefepilzkultur. Innerhalb weniger Stunden fängt die Suppe bereits an, ein „Eigenleben" zu führen. Dabei ist es nahezu unerheblich, ob der Deckel nur aufgelegt ist oder luftdicht abschließt, es geht nur mehr oder weniger schnell.

Bevor Suppe in den Kühlschrank kommt, sollte sie in ein dünnwandiges, gut wärmeleitendes Gefäß umgefüllt und im Wasserbad auf mindestens Raumtemperatur (18–20 °C) abgekühlt werden. Dabei immer wieder umrühren damit sie auch „im Kern" entsprechend abgekühlt wird. Danach ohne Deckel in den Kühlschrank stellen, damit sie möglichst schnell weiter abkühlen kann. Manche stellen dazu auch noch einen Metallschöpfer in die Suppe, über den zusätzlich eine Wärmeabführung erfolgt. Und man stellt sie auch möglichst auf einen Gitterrost, damit die Luft um das ganze Gefäß zirkulieren kann.

Enthält die Suppe viel Fett, so kann diese oben schwimmende Fettschicht ebenso einen Deckeleffekt erzeugen, man sollte also die entstehende Fettkruste zerstören oder frühzeitig mit dem Abnehmen der Kruste beginnen.
Gemüse sollte nur höchstens 20 Minuten mitgaren, sonst entsteht ein bitterer Geschmack. Nicht zu viele Karotten mitkochen, sie geben einen süßen Geschmack ab, der eventuell zu stark wird.

Nicht mitgaren: Kraut oder grünen Paprika, sonst entsteht ein unangenehmer Beigeschmack.

Zutaten für eine klare Suppe

Knochen

Die Knochen sollten zunächst blanchiert werden, außer Hühnerknochen: Rinds- und Kalbsknochen in kochendes, ungewürztes Wasser geben. Nach etwa 3 bis 5 Minuten das Wasser abgießen und die Knochen mit kaltem Wasser abwaschen. Dadurch werden die Bitterstoffe und die Harnsäure (das Purin aus den Fleischknochen) entfernt.

Vor dem Kochen die Knochen klein hacken (lassen), damit sich aus dem darin enthaltenen Kollagen, einem leimartigen Eiweiß, möglichst viel Gelatine und Geschmack entwickeln kann.

Knochen immer sehr langsam und eher unter dem Siedepunkt kochen, damit die Suppe auch klar bleibt. Immer den aufsteigenden Schaum abschöpfen und in den Abfall geben. Dieser Schaum enthält die ausgekochten, geronnenen Eiweißbestandteile, welche die Flüssigkeit trüb machen können.

Knochen von jüngeren Tieren, speziell von Kälbern, enthalten mehr Kollagen, das sich während des Garens auflöst und zu Gelatine entwickelt. Das verfeinert die Speisen und gibt ihnen eine samtige Struktur. Die Knochen von älteren Tieren geben mehr Geschmack, mehr Purin, aber weniger Kollagen ab.

Fleisch

Um eine Suppe herzustellen, ist die Zugabe von Fleisch nicht notwendig. Das Mitkochen von einem Stück Fleisch verleiht ihr jedoch mehr Geschmack. Für Hühnersuppe nimmt man Fleischstücke vom Huhn ohne Haut und Fett oder gleich ein Suppenhuhn. Dabei sollte man Haut, Fett und den Bürzel, die Fettdrüse unter dem Schwanzansatz, entfernen.
Man kann bei allen Suppen ein Stückchen Kalbsleber oder bei Hühnersuppe wahlweise auch eine Hühnerleber am Schluss hineingeben und mitziehen lassen. Das ergibt ein volleres Aroma.
Wenn man Fleisch der Suppe wegen mitkocht, gibt man es ins kalte Wasser, damit es gut ausgekocht werden kann. Trotzdem kann man es dann noch als Einlage für die Suppe, für einen Fleischsalat, Fleischknödel oder eine Vorspeise verwenden.

Will man aber ein gutes und gehaltvolles Stück Fleisch zum späteren Verzehr – zum Beispiel Tafelspitz –, so gibt man es in die bereits kochende Flüssigkeit, damit sich die Außenschicht vom Fleisch schnell schließt, der Fleischsaft im Fleisch bleibt und nicht austrocknet.

In jedem Fall ist es wichtig, das Fleisch und auch die Knochen langsam und nur ganz leicht wallend zu kochen: Man sollte kaum wahrnehmen, dass sich die Suppe an der Oberfläche bewegt. Dadurch wird die Suppe nicht so leicht trüb und das Fleisch schön zart.

Gemüse für eine klare Suppe

Frisches Suppengemüse besteht aus aromatischen und daher den Geschmack verbessernden, speziellen Gemüsesorten, die meistens bereits abgepackt in den Lebensmittelgeschäften angeboten werden. Es setzt sich zusammen aus etwas Knollensellerie, einer Karotte, eventuell einer Gelben Rübe, etwas Petersilien-grün und -wurzel, einem Stück Porree (er darf höchstens zu einem Viertel grün sein, sonst wird er beim Kochen bitter), eventuell einem Lorbeerblatt und einem Stück Zwiebel. Dieses Suppengemüse wird für eine klare Suppe in großen Stücken belassen. Es zerkocht sich dann nicht so leicht und man kann es so leichter aus der Suppe heben.

Bei einer Fleischsuppe fügt man das glasig angebratene Suppengemüse erst zu, wenn die Schaumbildung der Suppe weitgehend aufgehört hat, also nach etwa zwei Stunden, und lässt es für maximal 20 Minuten mitziehen. Man sollte es nie mit den Knochen zugleich zugeben, denn so verkocht es sich, man kann den aufsteigenden Schaum nicht ausreichend abschöpfen und die Brühe kann trüb und bitter werden. Die Suppe dann bei milder Hitze, leise wallend etwa 2 bis 3 Stunden, ohne Deckel köcheln.

Zur Gemüsesuppe gibt man nur ein kleines Stück Zwiebel, damit deren Geschmack nicht vorherrscht. Die Zwiebel kann die Farbe der Suppe verändern: Für eine helle Suppe schält man das Zwiebelstück. Wird die Schale mitgekocht, erhält die Suppe einen klaren Goldton. Man könnte auch noch extra etwas Schale mitkochen oder die Zwiebel an der Schnittfläche in einer Pfanne ohne Fett bräunen, um einen kräftigeren Farbton zu erzielen.

Gewürze für eine Suppe

Zum Mitkochen kann man ganze Pfefferkörner hineingeben und etwas, aber nicht zuviel Knoblauch, er darf nicht vorschmecken. Wenn die Suppe fertig ist, kommt etwas geriebene Muskatnuss und Salz hinein. Suppenkräuter wie Lorbeer, Petersilienstängel, Thymian, Rosmarin, Salbei, Liebstöckel oder Stangensellerie werden erst zuletzt dazugegeben, aber nicht mitgekocht und nicht mitserviert.

Klare Gemüsesuppe

Das Gemüse für die Suppe in mittelgroße Stücke schneiden. Ein Bouquet garni, bestehend aus Lorbeerblatt, Majoran, Thymian, Liebstöckel und Petersilie sowie ein paar Pfefferkörnern, hinzufügen. Auch eine Knoblauchzehe kann mitgekocht werden.

Das Gemüse mit Wasser zusetzen und etwa 20 Minuten kochen lassen, nicht länger, da die Suppe sonst bitter werden könnte. Das geschnittene Gemüse hat genug Zeit zum Weichwerden.

Helle Knochensuppe

Man rechnet 1 kg fleischige Rinderknochen (Beinscheiben, Ochsenschwanz, Markknochen) pro 1 Liter Suppe, 1 Zwiebel, 1 Lorbeerblatt, 2 Gewürznelken, 1 Bund Suppengrün (nur wenig Grünes vom Lauch, es macht bitteren Geschmack), 1 Esslöffel ganze Pfefferkörner, 1 bis 2 Knoblauchzehen, 1 Zweig Thymian, Wasser, zuletzt und erst kurz vor dem Servieren Salz.

Rinds- und Kalbsknochen blanchieren. Die Knochen gut bedeckt mit kaltem, ungewürztem Wasser ohne Deckel zustellen und langsam köcheln. Langsam deshalb, damit das Wasser Zeit hat, aus den Knochen das Gewünschte herauszukochen, ohne dabei trüb zu werden. Suppe darf deshalb niemals heftig kochen, immer nur so gerade eben an der Kochgrenze leise wallen. Kocht sie zu stark, dann kocht sich das Fett in die Suppe ein und sie wird trüb. Durch das Gerinnen des Eiweißes aus Fleisch und Knochen bildet sich beim Köcheln grauer Schaum, der sorgfältig abgeschöpft und entsorgt werden sollte.

Die Schaumbildung hört nach etwa einer Stunde weitgehend auf. Die Suppe sollte leise wallend etwa 2 bis 3 Stunden dahinköcheln. Knochen und das Fleisch sollten immer mit Flüssigkeit bedeckt sein. Verdunstete, verkochte Brühe kann man durch mehrmalige Zugabe von kleinen Mengen kalten Wassers wieder auffüllen. Dadurch steigt auch das Fett leichter auf und kann mit dem grauen Schaum abgeschöpft werden.

Erst 20 Minuten vor dem Ende der Garzeit wird das Gemüse zugegeben.

Zum Schluss gießt man die Suppe durch ein Spitzsieb, in das man ein Seihtuch einlegt, damit die feinen Trübstoffe besser entfernt werden können. Ein Spitzsieb hat den Vorteil, dass es nicht so

spritzt und die Flüssigkeit sehr gut nach unten abfließen kann. Nicht pressen, nur durchrinnen lassen, sonst hat man wieder die Trübstoffe in der Suppe.

Will man nun eine konzentriertere Suppe haben, so sollte die abgeseihte Suppe noch weiter ganz langsam köcheln, um durch Verdunstung weiter zu reduzieren. Wenn man eine solche Suppe auf Vorrat kocht, so ist es ratsam, sie sehr stark zu reduzieren. Das spart Platz im Tiefkühler! Beim Gebrauch muss man jedoch die Konzentration der Suppe berücksichtigen. Am besten nimmt man zum Einfrieren Eiswürfelbeutel aus Folie oder einen Eiswürfelbehälter zum Vorfrieren.

Suppe aus Fleisch und Knochen

Es können mehrere Fleischsorten zur Herstellung einer Suppe genommen werden.

Lediglich bei Schweinefleisch entsteht ein sehr deftiger, eher uneleganter Geschmack, der meist nur für regionale Zubereitungen erwünscht ist wie zum Beispiel für die berühmte „Klachlsuppe" in der Steiermark.

Wichtig: Wird Fleisch mitgekocht, so darf die Suppe ebenfalls nur leise wallend und langsam gekocht werden, denn dadurch werden die Sehnen und Zwischenhäute weich, die Suppe nicht trüb und der Gewichtsverlust hält sich in Grenzen.

Abfetten der Suppe

Ist eine Suppe zu fett, kühlt man sie rasch und ohne Deckel ab und stellt sie anschließend in den Kühlschrank. Das Fett wird beim Abkühlen fest und kann dann bequem abgehoben und entsorgt werden. Eine weitere Möglichkeit ist das Abschöpfen oder das Auflegen von Küchenpapier, das dann die Aufgabe eines Löschpapieres übernimmt und das Fett aufsaugt.

Kraftbrühe oder Consommé

Zunächst braucht man dazu etwa 1 Liter kalte, entfettete Fleischsuppe, dazu etwa 250 g Klärfleisch, das ist sehnen- und fettfreies, faschiertes Rindfleisch und das Eiklar von 2 Eiern. Will man eine besonders starke Consommé, eine Consommé double, so nimmt man etwa 350 g Klärfleisch.

Das Klärfleisch und das leicht geschlagene Eiklar in einer Schüssel gut vermischen und die kalte Suppe langsam unter Rühren in diese Masse einarbeiten. Anschließend alles in einen Topf geben und langsam erhitzen. Dabei am Topfboden mit einem Kochlöffel langsam rühren, damit nichts anbrennt. Nur leicht wallend kochen lassen.

Nach dem ersten Aufkochen etwa 45 Minuten sanft köcheln lassen und nicht mehr umrühren. Die Eiklar-Fleischmasse steigt auf und bildet eine Art Deckel, den man nicht zerstören sollte. Lediglich auf einer Seite macht man eine Öffnung von ca. 6 bis 8 cm Durchmesser, damit der Dampf aufsteigen kann. Die fertige, noch heiße Consommé durch ein Tuch in einem Spitzsieb abseihen. Das Abgeseihte wegen der entstandenen Trübstoffe nicht durchpressen, sondern wegwerfen. Nie zudecken, besonders nicht zum Abkühlen, denn die Suppe wird sonst sehr schnell sauer.

Aufbewahren: Abgekühlt und erst dann zugedeckt in den Kühlschrank stellen. Beim Tiefkühlen wird sie meist wieder etwas trüb.

Eine Consommé double serviert man in Tassen und ohne Schnittlauch! Man trinkt sie langsam in kleinen Schlucken.

Samtsuppen, Cremesuppen, Püree-Suppen

Für diese cremigen und gehaltvollen Suppen wird Gemüse geputzt, gewaschen und zerteilt und in etwas Butter oder Butterschmalz für mehr Geschmack eher hell oder glasig angebraten. Dabei kann man Butter nehmen, weil das Gemüse sofort Saft entwickelt und sie so nicht verbrennen kann. Dann gießt man mit etwas Wasser, Suppe, Fond oder Selleriefond auf und dünstet das Gemüse, bis es bissfest ist. Für mehr Geschmack könnte man auch mit Alkohol aufgießen und reduzieren. Sodann nimmt man einige bissfest gekochte Stücke für die Einlage heraus und dünstet den Rest so lange, bis alles weich ist. Nun püriert man die Suppe, gießt eventuell auf und schmeckt ab. Nimmt man den Pürierstab, so entsteht eine mehr oder minder grobe Zerkleinerung.

In einem Mixer wird durch die hohe Geschwindigkeit alles sehr fein gemixt. Will man aber wirklich nur eine dicke, glatte Flüssigkeit, so streicht man zuletzt noch einmal alles durch ein feines Passiersieb. Zuletzt werden noch die beiseite gelegten, bissfesten Gemüsestückchen hinzugegeben.

Dekor für Püree-Suppen

Kurz vor dem Anrichten wird die Suppe erhitzt, nochmals gut gemixt, damit appetitlicher Schaum entsteht. Dazu verwendet man am besten einen Pürierstab. Mit einem Löffel aufgeschlagener, süßer Rahm auf der angerichteten Suppe dient als zusätzlicher Dekor.

Man kann die Suppe auch mit ganz wenig Paprikapulver überstauben oder mit einigen fein gehackten Kräutern oder in Butter gerösteten Brotstückchen dekorieren.

Fond

Ein Fond ist einer Suppe ähnlich, wird aber viel länger gekocht. Meist wird er aus Knochen, bei Fischen aus den Gräten und bei Meeresfrüchten aus den Schalen sowie aus Gemüse hergestellt. Auch reiner Gemüsefond ist üblich.

Ein Fond ist kein Nebenprodukt wie die Suppe: Das darin gekochte Fleisch, Gemüse oder die Knochen werden richtig ausgekocht, sodass man sie später nicht mehr verwenden kann. Das Ziel ist also, möglichst viel Geschmack auf die Flüssigkeit zu übertragen. Deshalb werden für Fond in der Regel auch Gemüsereste (Schnittreste, Schalen) und Fleischreste (Karkassen, Knochen, Knorpel, Gräten, Sehnen und Fleischabschnitte) verwendet. Man möchte dadurch nichts verschwenden. Je nachdem, ob Knochen oder Fleisch zuerst noch geröstet werden, entsteht ein dunkler oder ein heller Fond. Fond dient meist als Grundlage oder zum Verfeinern von Saucen.

Ein kräftiger Fond ist das Um und Auf und wird als Basis vieler Saucen, Suppen und Eintöpfe bereitgehalten. Man friert ihn am besten portionsweise ein. Er sollte geschmacklich neutral, also ungewürzt sein, damit er andere Aromen hebt, aber selbst nicht vorschmeckt.

Fond-Arten

Man unterscheidet hellen und braunen oder dunklen Fond aus den verschiedenen Fleischsorten, auch aus Pilzen wie Champignons, Morcheln oder Trüffeln und aus diversen Gemüsearten. Hellen Fond erhält man aus hellem Gemüse, Fleisch oder Fleischabfällen und klein gehackten Knochen von Kalb, Geflügel oder Fisch, ohne die Knochen zu blanchieren. Dunkler Fond wird aus dunklem Fleisch oder Fleischabfällen und Knochen von Rind, Wild oder Lamm hergestellt. Auch hier ist die Beigabe von Suppengemüse und Pilzen möglich.

Fond aus Knochen und Fleischabfällen

2 kg Knochen möglichst klein gehackt, dazu Fleischabfälle, Butterschmalz zum Braten, 300 g Suppengemüse, 300 g Zwiebeln, 2 bis 3 Esslöffel Tomatenmark, 3 Lorbeerblätter, ½ Liter Rot- oder Weißwein, einige Zehen Knoblauch, 4 Liter Wasser oder Suppe.

Sehr wichtig: nicht würzen, auf keinen Fall Salz zugeben!

In einem möglichst großen Topf mit weitem Boden werden zunächst nur die klein gehackten Knochen mit dem Butterschmalz braun angebraten. Beschichtete Töpfe sind dafür nicht geeignet, weil keine schöne Kruste entsteht. Ist zu wenig Fett an den Knochen, gibt man am besten noch Butterschmalz dazu. Es stockt beim Abkühlen des Fonds und kann leicht entfernt werden.

Dieses Anbraten dauert längere Zeit und sollte sanft geschehen. Immer wieder am Boden die entstehende Kruste wegkratzen und alles umrühren. Die Hitze sollte nicht zu groß werden, denn das Gargut sollte bräunen, aber nicht anbrennen. Es darf aber auch nicht zu wenig Hitze sein. Deswegen nimmt man auch ein weites Kochgeschirr, dadurch kann die Feuchtigkeit besser entweichen. Wenn die Knochen eine schöne Farbe angenommen haben, gibt man die Fleischabschnitte dazu und bräunt diese mit. Nun ist alles schon dunkler, darf aber nicht anbrennen. Eine leichte Kruste ist wichtig, weil sie ein wichtiger Bestandteil des Geschmacks ist.

Wenn die Gefahr groß ist, dass die Kruste zu dunkel werden könnte, so gibt es einen guten Trick: die Knochen beiseiteschieben und ganz wenig Rotwein bei dunklem Fond, Weißwein bei hellem Fond auf die Kruste gießen und diese damit ablösen. Die Weinmenge soll klein sein und immer gleich verkochen, erst dann gießt man eventuell

wieder etwas nach. Will man auf gar keinen Fall Alkohol nehmen, geht auch Wasser, Suppe oder Gemüsesuppe.

Haben auch die Fleischabschnitte etwas Farbe angenommen, gibt man die in Spalten geschnittenen Zwiebeln, die Zwiebelschalen, die Gemüsereste und das geschnittene Suppengemüse dazu (nichts Grünes vom Lauch, es wird bitter) und bräunt diese Zutaten mit. Wenn alles Farbe angenommen hat, sollte man den Topf vom Herd nehmen. Anschließend in der Mitte Platz machen, etwas Tomatenmark hineingeben und es mit der Resthitze bräunen.

Vorsicht: Das Tomatenmark soll anbräunen, damit der Fond Geschmack und Farbe bekommt, aber nicht rot wird und nach Tomaten schmeckt. Das Mark, und nur dieses, kräftig rühren. So ist die Gefahr des Anbrennens weitgehend gebannt. Eventuell etwas Butterschmalz dazugeben. Ist es braun geworden, dann rührt man alles andere auch mit um, setzt den Topf wieder aufs Feuer und gießt mit etwa einem 1/8 Wein oder Wermut auf.

Diesen Alkohol gibt man nur auf eine freie Stelle auf dem Topfboden, ohne die anderen Zutaten begießen. Er muss in kleinen Mengen zugegeben werden und jedes Mal gleich reduziert werden. Je öfter man nämlich in kleinen Mengen bei nicht zu großer Hitze aufgießt und das Aufgegossene reduziert, desto schöner wird die Creme-Schicht, die um Knochen, Parüren und Gemüsewürfel beim Rühren entsteht: Sie wird samtig und beginnt zu glänzen.

Will man keinen Alkohol verwenden, so sind auch hier Gemüsesuppe, Fleischbrühe oder auch Wasser möglich.

Anschließend füllt man bis über die Knochen mit kaltem Wasser oder mit Gemüse- oder Fleischsuppe auf. Jetzt ist der Zeitpunkt für die Gewürze gekommen: Lorbeerblatt, Kräuterstängel und Pfefferkörner hineingeben. Leise wallend, ohne Umrühren und ohne Deckel sollte nun das Ganze etwa 3 Stunden sanft köcheln. Die Flüssigkeit kann reichlich verdunsten, damit eine schöne Konzentration entsteht.

Nach den 3 Stunden gießt man das Ganze durch ein Spitzsieb ab, das man mit einem Seihtuch ausgelegt hat. Nicht pressen, nur abrinnen lassen.

Selleriefond

Der Selleriefond ist für die gesunde, wohlschmeckende Küche unentbehrlich und sehr vielfältig einsetzbar. Sellerie gibt einen sehr guten, würzigen Geschmack an das Kochwasser ab. Dieser Fond eignet sich als Basis für Gemüsesuppe, zum Aufgießen von Saucen, Eintöpfen und Schmorgerichten, man kann ihn zu vorgekochtem Gemüse geben und es darin wieder erwärmen. **Zubereitung:** gewaschener, geschälter Knollensellerie wird in Scheiben und Stifte geschnitten. Anschließend kaltes Wasser zusetzen und die Stücke ohne Zugabe von Salz weichkochen. Anschließend lässt man ihn ohne Deckel auskühlen und seiht den Fond dann ab. Aus den Selleriestücken kann man einen Salat bereiten.

Fenchel-Orangen-Fond

Eine kleine, geschälte und gehackte Zwiebel wird mit etwas Safran leicht angeschwitzt und mit einem Schuss Wermut abgelöscht. Etwa 150 g Fenchelstückchen oder -scheibchen ein wenig mitschwitzen. Das sorgt für mehr Geschmack, dabei sollte das Ganze keine Farbe nehmen. Mit etwa 400 ml Hühnerfond und 100 ml Orangensaft aufgießen, mit einem Stück Sternanis, 3 Kapseln Kardamom, einem Lorbeerblatt, etwas Zimt, Wacholder- und Muskatpulver sowie etwas Knoblauchpulver würzen und einmal aufkochen. Anschließend sollte die Mischung bei kleiner Hitze und offenem Deckel 1 Stunde nur ziehen, wobei Flüssigkeit verdunstet und der Geschmack intensiver wird.

Diesen Fond nimmt man zum Aufgießen oder als Sauce zu gedämpftem Fisch und gedünstetem Gemüse. Man könnte zum Beispiel dünne Fenchelscheiben leicht bräunen und sie mit diesem Fond als köstliche Beilage oder mit Kartoffeln oder Reis als Hauptspcisc servieren.

Court-Bouillon

Das ist keine Suppe im herkömmlichen Sinn, sondern ein kräftig gewürztes Wasser oder kräftiger, aromatischer Sud, um darin zum Beispiel einen Fisch, zartes Fleisch, Innereien wie Hirn oder Bries oder empfindliche Gemüse garziehen zu lassen. Die wichtigste Zutat ist die Säure aus Weißwein, Essig oder Zitronensaft.

Zubereitung: 2 bis 3 kleine Zwiebeln oder Schalotten und ein Bund Suppengrün in grobe Scheiben schneiden. Nicht zu viele Karotten verwenden, sonst wird die Kochflüssigkeit zu süß, vom Lauch sollte nur ein Drittel grün sein, sonst entsteht ein bitterer Geschmack. Hinzu kommen 2 Lorbeerblätter, 1 kleiner Bund Petersilie, 2 Zitronenscheiben, 1 Teelöffel Butter, 5 bis 7 Pfefferkörner, 600 ml Wein oder 200 ml Weißweinessig oder Zitronensaft, Salz und etwa 1¼ Liter kaltes Wasser. Alles zugedeckt aufkochen und etwa 20 Minuten köcheln lassen, damit das Wasser den Geschmack der Zutaten aufnehmen kann. Wer Fisch oder Fleisch darin zubereiten will, legt es in die sanft wallende Flüssigkeit ohne Deckel ein und gart, wie im Rezept verlangt. Das zu garende Stück sollte vor dem Einlegen zimmerwarm sein, sonst dauert es zu lange, bis die Court-Bouillon wieder heiß genug ist. Außerdem ist es dann außen schon gar, wenn es innen noch kalt ist. Zuletzt kann man diesen Sud abseihen und zum Aufgießen weiterverwenden.

Saucen

Saucen dauern meist etwas länger in der Zubereitung und werden dadurch noch besser, weil sie Zeit haben zum Durchziehen und so besser ihren Geschmack entwickeln können. Wichtig ist daher: Saucen werden in den allermeisten Fällen zuerst zubereitet, erst dann beginnt man mit der Zubereitung des Fleischs oder Fischs. Jedoch könnte man Fleischscheiben auch zuerst beiderseits anbraten, herausnehmen, auch ganz abkühlen lassen. Bei Bedarf legt man sie dann in die fertige Sauce zum Wärmen.

Wenn man Fleisch in viel Sauce kocht, etwa Ragout zu Nudeln oder Gulaschfleisch, so ist sehr wichtig, dass man zunächst die Sauce fertig zubereitet. Erst dann wird das Fleisch, auch und besonders das Faschierte, ohne Anbraten in der fertigen, aber noch nicht gewürzten Sauce weichgekocht. Durch das lange, sanfte Kochen bekommt man eine ganz wunderbare Geschmacksnote. Durch das Anbraten wird das Fleisch fest und körnig, besonders das Faschierte. Ohne Anbraten hingegen in der Sauce weichgekocht, ergibt das ein besseres Geschmacksergebnis.

Grundsaucen

Grundsaucen sind Basissaucen. Sie sind eine sehr praktische Voraussetzung, um eine gute Sauce zu komponieren oder um schnell und unkompliziert eine Speise zu ergänzen. Sie eignen sich zum Beispiel für die Herstellung von Suppen, von Gemüsezubereitungen oder Eintöpfen, als Beigabe zu gebratenem oder gedünstetem Fisch oder Fleisch. Sie sind im Kühlschrank lange haltbar und gut einzufrieren. Grundsaucen, die man nicht vorrätig hält, aber gut abwandeln kann, sind Buttersaucen wie die Sauce béarnaise und die Sauce hollandaise sowie Ölsaucen wie Mayonnaise.

Saucen, die ganz oder teilweise stark reduziert werden, sollte man zunächst nicht salzen: Erst wenn die
Sauce fertig ist, salzt man, denn die Zutaten sind oft
schon durch das Reduzieren kräftig im Geschmack
und benötigen nur wenig oder gar kein Salz.

Weiße Zwiebelsauce

2 Zwiebeln und 3 Knoblauchzehen schneiden und
in Butterschmalz glasig anschwitzen. Mit 60 ml
Weißwein ablöschen und diesen fast ganz verkochen lassen. Nochmals 60 ml Weißwein ebenfalls
fast ganz verkochen. Dann mit 1 Liter Suppe aufgießen und 15 Minuten einkochen. Diese Zubereitung einfrieren oder einkühlen.

Zur Fertigstellung taut man die Grundsauce auf,
füllt sie in einen Mixer, gibt 125 ml Rahm, den Saft
einer halben Zitrone und 50 g sehr kalte Butter in
kleinen Stücken zur Bindung dazu. Das Ganze mixt
man auf und verwendet es nach Belieben.

Möchte man zum Beispiel eine grüne Sauce, mixt
man in die weiße Grundsauce noch gehackten
Cremespinat oder eine Kräutercreme ein.

Braune Zwiebelsauce

2 Zwiebeln und 3 Knoblauchzehen schneiden und in Butterschmalz braun anrösten. Vom Herd nehmen, in der Mitte etwas Platz machen für ½ Esslöffel Tomatenmark, dieses ein wenig Farbe nehmen lassen. Vorsicht, nicht zu viel Hitze, sonst wird es bitter. Wieder auf den Herd stellen, alles vermischen und noch ein wenig rösten, bis alles eine braune Farbe angenommen hat. Mit 125 ml Rotwein ablöschen und etwas verkochen lassen, anschließend mit 3 Spritzern Balsamicoessig würzen. Mit 1 Liter Suppe ablöschen und 15 Minuten kochen lassen. In kaltem Zustand im Kühlschrank lagern oder einfrieren. Gekühlt hält die Sauce einige Tage.

Zur Fertigstellung dann mit Mehl oder Stärke binden. Vor Gebrauch nach Belieben abschmecken, eventuell noch 50 bis 100 g sehr kalte Butterstückchen zur Bindung untermixen.

Béchamelsauce (Weiße Grundsauce)

Ihre Grundlage ist eine Einbrenn oder Mehl-schwitze: 100 g Butter schmelzen, 100 g Mehl ein-rühren und hell bräunen. Mit etwa 1 Liter Milch aufgießen und einkochen lassen. Gewürzt wird mit Salz, gemahlener Muskatnuss und weißem Pfeffer sowie ein wenig Suppenpulver. Will man sie etwas kräftiger im Geschmack, könnte man sie mit etwas Gorgonzola oder geriebenem Parmesan ergänzen oder eine Wermut-Reduktion einmischen.

Die Béchamelsauce ist die klassische Sauce, die zum Beispiel von der italienischen Lasagne nicht mehr wegzudenken ist. Auch verwendet man sie gerne als Überguss für pikante, überbackene Palat-schinken. Ebenso bildet sie die mollige Basis vieler Suppen und auch klassischer Saucen.

Käsesauce für Pasta

Rahm und eventuell etwas Milch werden erwärmt und ein passender Käse darin geschmolzen. Dafür eignen sich nur sehr fetthaltige Käsesorten wie Gor-gonzola, Pecorino, Ricotta, Mozzarella, Bergkäse oder fetthaltiger Schafskäse. Magerkäse zergeht nicht so gut. Auch Emmentaler ist nicht empfehlenswert, denn er bildet Fäden, die sich ziehen.

Einfacher Saucenansatz

300 g fein gehackte Zwiebeln in Butterschmalz ganz langsam anschwitzen, sie dürfen nicht braun werden. 1 Esslöffel Tomatenmark dazugeben und wegen des Geschmacks leicht braun werden lassen. Dann mit 125 ml Liter Rotwein ablöschen und diesen ganz einkochen. Mit 500 ml Suppe aufgießen und alles ganz langsam und sanft köcheln lassen, bis eine sehr gute Reduktion entsteht – es soll nicht viel übrigbleiben. Abschmecken. Diese Reduktion lässt sich sehr gut im Kühlschrank aufbewahren oder einfrieren.

Einfache Wurzelsauce

200 g fein gehackte Zwiebeln in Butterschmalz langsam ohne Farbe anschwitzen. Gemüse schälen und würfeln: 2 Bund Suppengemüse mitrösten, bei etwas weniger Hitze 1 Esslöffel Tomatenmark anbräunen, mit 125 ml Rotwein ablöschen und diesen reduzieren. Mit 500 ml Suppe aufgießen, sehr langsam köcheln lassen und abseihen. Auch hier sollte nur sehr wenig übrigbleiben. Wenn man mehr macht, so lässt sich auch diese Reduktion sehr gut im Kühlschrank länger aufbewahren oder einfrieren. Wenn man eine dickere Sauce will, könnte man das Gemüse auch mitmixen.

Tomatensauce schnell

1 große, geschnittene Zwiebel in Butterschmalz langsam anschwitzen, zuletzt 1 klein geschnittene Knoblauchzehe, hell mitbraten. 400 g geschälte Tomaten aus der Dose, 2 Esslöffel Worcestersauce, 1 Esslöffel Zitronensaft, 3 Esslöffel Honig, 1 Teelöffel Senfpulver, etwas Chilipulver oder Chili-Öl, Salz und Pfeffer ganz kurz durchkochen und im Mixer pürieren. Durch ein Spitzsieb abseihen, abschmecken. Die Sauce sollte süßsauer schmecken, eventuell mit Honig und Zitronensaft nochmals ergänzen. Wegen der in den Tomaten enthaltenen Oxalsäure sollte immer auch Rahm zugefügt werden. Bindet sich nämlich das Oxalat noch im Magen und Darm an Calcium, dann kann es nicht mehr ins Blut resorbiert werden und wird über den Darm ausgeschieden. Entsprechend erhöht es so auch nicht mehr das Risiko zur Nierensteinbildung oder für andere Erkrankungen.

Will man dem Ganzen noch eine frische Note verleihen, gibt man 500 g frische Tomaten, ohne Haut und Kerne, dazu.

Für das gewisse Extra sorgt ein wenig Gin am Schluss zum Parfümieren. Vor dem Servieren die heiße Sauce im vorgewärmten Mixer mit 125 g eiskalten Butterstückchen montieren, um sie zu binden, und geschnittenes Basilikum einrühren.

Obstsauce für Deftiges

Etwa 1 kg weiches Obst, wie zum Beispiel Marillen, Birnen, Zwetschken oder Mangos schälen,
entkernen und mit einer zerschnittenen Zwiebel
im Mixer pürieren. Sodann kocht man diese Masse mit etwa 150 ml leichtem, trockenem Weißwein zu einer cremigen Sauce. Nun kann man
noch Rahm oder Crème fraîche dazugeben und
mit Gewürzen verfeinern: Salz, Pfeffer, für mehr
Schärfe Chilipulver, für mehr Säure Zitronensaft oder Fruchtessig, eventuell ein Schlückchen
Hochprozentiges oder einen passenden Likör.
Diese Sauce passt wunderbar zu gebratenem oder
gedünstetem Fisch oder gekochtem oder gegrill-
tem Fleisch, aber auch zu gedünstetem Gemüse
wie etwa Zucchini oder Karfiol.

Süße Saucen

Fruchtsauce

Für diese Saucen kann man frische, aber auch gedörrte Früchte verwenden. Letztere muss man allerdings längere Zeit einweichen. Dazu kommen Zucker, Zitronensaft und ein wenig passender Alkohol zum Aromatisieren. Früchte mit den restlichen Zutaten pürieren: mixt man kurz, wird die Sauce flüssiger, mixt man länger, wird sie dicker. Abschmecken und durch ein Sieb streichen. Gewürzt wird je nach Gusto mit Zimt, Nelkenpulver, Vanille, Balsamico, diversen Likören oder Schnäpsen. Auch fein gemahlene oder gehackte Nüsse, Obstsaft, Kaffee, Kaffeepulver, Zitronenaroma, abgeriebene Schale von Zitrusfrüchten, Bittermandelöl, Honig, Pfeffer, Knoblauch, Chili, gemahlene Muskatnuss, Muskatblütenpulver oder Ingwersirup sind möglich.

Vanillesauce

Für 5 Portionen benötigt man 1 Vanilleschote, 3 Dotter, 40 g Kristallzucker und 250 ml Schlagobers. Vanilleschote aufschneiden und das Mark herauskratzen. Dotter mit Zucker cremig rühren. Obers mit dem Vanillemark aufkochen und langsam unter kräftigem Rühren in die Dottermasse geben, damit sie durch die Hitze nicht stockt, aber dick werden kann. Diese Obers-Dotter-Masse dann wieder in den Topf zurückgeben und bei wenig Hitze unter ständigem Rühren eindicken. Hat sie eine cremige Konsistenz, gibt man sie sogleich durch ein Sieb in ein Serviergeschirr. Man kann sie warm oder kalt servieren. Soll sie erkalten, so bedeckt man sie mit einer Klarsichtfolie, damit sich keine Haut bilden kann.

Schokoladensauce

Man lässt in 250 ml warmen Obers 100 g dunkle
und 50 g helle Kuvertüre schmelzen. Zum Aromatisieren gibt man noch etwas Orangenlikör dazu.

Vegane Variante

140 ml Wasser mit 60 g Kristallzucker aufkochen.
60 g Kuvertüre in kleine Stücke schneiden und im
Zuckerwasser schmelzen. 20 g Kakaopulver dazugeben und mit dem Stabmixer eine halbe Minute
aufmixen. Sauce danach kalt stellen. Sie passt als
Ergänzung zu Desserts und eignet sich hervorragend als Dekoration für fast alle Süßspeisen.

Karamellsauce

Man schmilzt 100 g Kristallzucker ganz langsam zu hellem Karamell. Dieses wird mit 125 ml
Fruchtsaft oder Weißwein, 125 ml Obers und 2 cl
passendem Alkohol wie zum Beispiel Orangenlikör abgelöscht. Der Zucker kocht sich ohne Rühren langsam los. Wenn man möchte, könnte man
in diese Sauce ganz zuletzt, wenn sie etwas abgekühlt ist, auch noch 100 g zimmerweiche Butter
schaumig einrühren.

Kalte Saucen

Mayonnaise

Alle Zutaten sollten zimmerwarm sein: 1 Dotter, 1 Teelöffel Essig, 1 Prise Salz, 1 Prise Zucker, 1 Prise Pfeffer, 1 Esslöffel Dijon-Senf, etwas Zitronensaft und geschmacksneutrales Pflanzenöl, etwa 250 ml. Die Zutaten außer dem Öl gut mit dem Pürierstab vermischen und würzen. Anschließend gießt man unter ständigem Mixen das Öl langsam in den Mixbecher. Am Anfang kann man auch den Öl-Strahl gelegentlich etwas anhalten. Die Emulsion wird zunehmend fester. Das Zugießen macht man so lange, bis die gewünschte Konsistenz erreicht ist.

Sour Cream

Für eine klassische Sour Cream mischt man 10 ml Mayonnaise mit je 50 ml Sauerrahm und 50 ml Crème fraîche. Bei Bedarf noch mit Salz, Pfeffer und einem Schuss weißen Balsamico nachwürzen.

Sauce Cumberland

Diese pikante Sauce der französischen und englischen Küche wird kalt zu Schinken, Pasteten,
Lamm- und Rindfleisch oder Wild serviert.

Man kocht Zesten einer halben Orange und einer
halben Zitrone sowie eine fein gehackte Schalotte
in 60 ml Portwein auf, reduziert etwas ein und
vermischt dies mit je 100 g Preiselbeermarmelade
und 100 g Ribiselmarmelade.

Abgeschmeckt wird mit wenig Salz und Pfef-
fer, 2 EL Dijon-Senf, etwas Zitronensaft, einem
Schuss Balsamico und frisch geriebenem Ingwer.
Für eine würzige Note kann man noch etwas
Cayennepfeffer hinzufügen. Die Mischung wird
mit dem Pürierstab glatt gemixt.

Hat man keinen Portwein, so kann man auch einen gehaltvollen Rotwein verwenden.

So vorbereitet in Gläser gefüllt hält die Sauce
Cumberland einige Wochen im Kühlschrank.

Grüne Sauce

Die berühmteste Grüne Sauce im Nachbarland Deutschland ist die Frankfurter grüne Sauce, die traditionell zu Salzkartoffeln und gekochten Eiern gereicht wird. Hinein gehören traditionell sieben unterschiedliche Kräuter: Schnittlauch, Borretsch, Kresse, Kerbel, Petersilie, Sauerampfer und Pimpinelle. Sie werden mit Mayonnaise, saurer Sahne oder Crème fraîche angerührt. In manchen Regionen wird außerdem Dill untergemischt. Mit oder ohne Mayonnaise ist letztlich eine Frage des persönlichen Geschmacks. Ein wenig Essig, Öl, Senf, gekochtes Eigelb, Salz und Pfeffer sollten auf jeden Fall mit hinein. Die Hochsaison für diese Frankfurter Spezialität beginnt traditionell an Gründonnerstag und dauert bis zum ersten Frost im Herbst. Die beste Qualität haben die Kräuter im Allgemeinen im Mai.

Zur Zubereitung werden die Kräuter sehr fein gewiegt, mit saurer Sahne oder Crème fraîche und eventuell hartgekochtem Eigelb verarbeitet und mit Öl, Essig, Zitrone, Salz und Pfeffer aufgeschlagen. Je nach Rezept können noch andere Zutaten wie Estragon, Schalotten, Zwiebeln, Knoblauch, Senf und Joghurt hinzugegeben werden. Meist wird darauf verzichtet, die Sauce zu passieren, weil der intensive Kräutergeschmack dadurch verloren geht. Das Eigelb kann entfallen oder durch gehacktes oder gevierteltes gekochtes Ei ersetzt werden, das am Ende zugegeben wird. In manchen Varianten wird teilweise auch als Grundlage Topfen (Quark) oder Joghurt verwendet, um das Gericht kalorienärmer zuzubereiten. Sie eignet sich auch als Beilage zu Tafelspitz oder Fisch.

Über Dampf aufgeschlagene Saucen

Sie werden in einer Metallschüssel über Wasserdampf aufgeschlagen, damit sie eine dickere Konsistenz erhalten. Wenn man in die über Dampf aufgeschlagenen Eier Fett einrührt, wie zum Beispiel bei der Sauce hollandaise, so darf es nie zu warm sein, weil die Sauce dann gerinnt. Saucen, in denen Rahm, Eier oder Butter untergerührt worden sind, sollten nur noch gewärmt werden und dürfen bis zur Verwendung nicht köcheln, die Bestandteile würden sich trennen und schwimmen womöglich als Fettaugen auf der Sauce.

Wichtig: Die Flüssigkeiten, die man einer entstehenden Sauce zugeben möchte, immer nur in ganz kleinen Mengen, etwa 60 ml, zugeben und jedes Mal fast ganz verkochen lassen. Je öfter man das macht, desto cremiger, glänzender und gehaltvoller wird eine Sauce.

Pannenhilfe bei Saucen

Bei Klümpchen in der Sauce, etwa in einer Béchamelsauce: Die Sauce durch ein Sieb streichen und danach mit einem Pürierstab aufmixen, anschließend noch 10 Minuten weiterköcheln lassen.

Wenn die Sauce hollandaise geronnen ist: Flüssige Butter und Dottercreme sollten immer die gleiche Temperatur haben, damit sich die Flüssigkeiten verbinden können. Hat sich die Sauce doch einmal getrennt, kann tröpfchenweise zugefügtes kaltes Wasser und kräftiges Weiterschlagen helfen, die Sauce zu emulgieren.

Ist eine Sauce zu dickflüssig geworden, kann man sie mit Obers, Wasser oder Suppe verlängern.

Ist die Sauce versalzen, kann man eine rohe Kartoffel hineinreiben und das Ganze für 5 Minuten köcheln lassen, anschließend pürieren. Wenn die Sauce dann zu dick ist, mit Wasser verlängern – nicht mit Suppe, denn diese enthält wieder Salz.

Manchmal hilft es auch, bei einer versalzenen Sauce den Salzgeschmack mit einem Schuss Orangensaft, etwas Honig oder Milch abzumildern.

Hat die Sauce zuviel Schärfe, hilft die Zugabe von Rahm oder Crème fraîche.

Ist die Sauce angebrannt, den Topf vom Herd nehmen und nicht mehr umrühren, sonst vermischt sich das Angebrannte mit der Flüssigkeit. Am besten, die Sauce in einen anderen Topf umfüllen.

Sauce hollandaise

Die Zubereitung dieser Sauce ist nicht ganz einfach, vor allem braucht man Geduld und gute Organisation: Am besten alle Zutaten und auch die Geräte vorher bereitstellen.

Zunächst macht man sich eine Weinreduktion aus 125 ml Weißwein, 1 Esslöffel Weinessig, 1 Lorbeerblatt, 10 Pfefferkörnern und 1 gehackten Schalotte. Diese Zutaten auf etwa 3 Esslöffel Flüssigkeit (sie soll nur Geschmack geben) einkochen und abseihen.

Für die Zubereitung der Sauce benötigt man 1 Eidotter (wenn man die Sauce zum Überbacken nehmen will: 2 Dotter), die Weinreduktion, 125 g Butterschmalz, Salz, Pfeffer, wenig Zitronensaft.

Dotter und Weinreduktion in einer Metallschüssel über Wasserdampf langsam mit dem Schneebesen aufschlagen. Ist die Schüssel aus Chromstahl, sie immer wieder vom Dampf nehmen, damit die Masse nicht zu heiß wird! Immer wieder die Masse gründlich von der Schüsselwand ablösen. So lange aufschlagen, bis sie sehr fest ist. Vom Dampf nehmen und das zimmerwarme, aber nicht flüssige Butterschmalz nach und nach einschlagen. Vorsicht, es darf nicht zu heiß werden, denn es könnte sich dadurch das Butterfett absetzen und die Masse gerinnen.

Die Sauce ist fertig, wenn sie fester zu werden beginnt, kurz bevor es scheint, als könnte sie zu Butter werden.

Verbessernde Zutaten in Saucen

Tomatenmark

Wenn man eine Sauce dunkler färben möchte, so kann man Tomatenmark am Topfboden oder in einem Extratopf auch ohne Fett anbräunen. Man verwendet am besten dreifach konzentriertes Tomatenmark – auf der Verpackung angegeben –, das man nach dem langsamen Bräunen bei milder Hitze mit Flüssigkeit ablöscht. Vorsicht: Der Topf soll nicht sehr heiß sein, sonst geht es mit der Bräunung zu schnell. Es bräunt auch noch nach, daher ist rechtzeitiges Aufgießen mit etwas Flüssigkeit sehr wichtig. Wird das Mark zu braun, schmeckt es bitter. Durch das Anbräunen verliert es den Tomatengeschmack und gibt den guten Geschmack der Röstaromen dann an die Sauce ab.

Früchte

In alle cremigen Saucen, ob süß oder pikant, können als Würze frische oder gekochte Früchte beigemischt werden. Auch Marmeladen, wie zum Beispiel Preiselbeermarmelade, verleihen eine interessante Geschmacksnote.

Sauerrahm, Schlagobers, Crème fraîche

Saucen mit Rahm und Butter sollten nie lange köcheln, denn sonst steigt das Fett auf. Man kühlt sie nach der Fertigstellung ab und erwärmt sanft bei Bedarf. Auf keinen Fall zu stark erhitzen. Rahm kann den Geschmack einer fertigen Sauce abmildern, bei Bedarf sollte man deshalb eventuell nachwürzen. Auf der anderen Seite kann die Zugabe von Rahm einen zu intensiven Geschmack abschwächen.

Das Unterheben einer Mischung aus Rahm und Eidotter verleiht Saucen eine schöne hellgelbe Farbe. Jedoch bringt es zusätzliches Fett ein, deshalb darf nur vorsichtig erhitzt werden: Die Sauce darf auf keinen Fall aufkochen, weil sonst der Dotter gerinnt und sich die Bindung löst.

Fette und Öle und ihre Verwendung in der Küche

Fette und Öle sind aus der Küche nicht wegzudenken. Schließlich lösen sie viele Aromen und Geschmacksstoffe aus den Lebensmitteln und sind Energielieferanten. Doch Fett ist nicht gleich Fett – auf den Sättigungsgrad beziehungsweise die chemische Struktur kommt es an.

Gesättigte Fettsäuren werden über die Nahrung aufgenommen beziehungsweise im Körper aus Glukose aufgebaut. Vor allem tierische Nahrungsmittel wie Butter, Obers, Schweineschmalz und Fleisch – aber auch pflanzliche wie Kokosfett – enthalten gesättigte Fettsäuren. Einige davon wirken sich ungünstig auf die Blutfettwerte aus.

Einfach und mehrfach ungesättigte Fettsäuren werden über die Nahrung aufgenommen, zum Teil können sie auch im Körper gebildet werden. Sogenannte essenzielle Fettsäuren können nur über die Nahrung aufgenommen werden. Ungesättigte Fettsäuren finden sich hauptsächlich in hochwertigen Pflanzenölen, Ölfrüchten wie Oliven, Nüssen und Samen. Eine Ausnahme bilden die Omega-3-Fettsäuren. Sie sind unter anderem auch in fettem Fisch enthalten. Die Aufnahme mehrfach ungesättigter Fettsäuren anstelle gesättigter Fettsäuren wirkt sich günstig auf den Cholesterinspiegel aus.

Beim Einsatz von Fetten und Ölen in der Küche ist folgendes zu beachten: Kaltgepresste Öle werden auf schonende Weise hergestellt, also ohne sie vorher zu erwärmen oder zu erhitzen. Sie haben einen niedrigen Rauchpunkt und sollte daher nur kalt verwendet werden. Außerdem haben sie meist einen starken Eigengeschmack, der nicht zu jedem Gericht passt.

Raffinierte Öle werden heißgepresst, anschließend werden ihnen unerwünschte Inhaltsstoffe entzogen. Sie werden dadurch haltbarer und schmecken weitgehend neutral. Ein weiterer Vorteil ist, dass sie für viele Zubereitungsmöglichkeiten verwendbar sind. Diese Speiseöle lassen sich sowohl für die kalte als auch für die heiße Küche nutzen – sowohl im Salat als Dressing als auch zum Anbraten oder zum Frittieren. Durch ihre Verarbeitung haben sie nämlich einen höheren Rauchpunkt als native Öle.

Pflanzliche Öle

Avocadoöl

Dazu wird Avocado-Fruchtfleisch ausgepresst. Das Öl aus der ersten Pressung bezeichnet man mit „extra": Es heißt „Extra-Avocado-Öl" oder „Avocado-Öl extra". Dieses Öl hält in einer ungeöffneten Flasche bis zu zwei Jahre. Avocadoöl ist gleich nach der Pressung und unerhitzt verwendet am besten! Man gibt es in den Salat, statt der Butter über Kartoffeln, Pasta und Gemüse oder tunkt es mit Brot auf.

Erdnussöl

Dafür werden Erdnusskerne enthäutet und gepresst. Erdnussöl hat einen sehr hohen Rauchpunkt, er liegt bei etwa 220 °C. In der asiatischen Küche hat es einen hohen Stellenwert, weil es sich hoch erhitzen lässt, also auch für den Wok gut zu gebrauchen ist.

Kürbiskernöl

Ein Öl, das man niemals erhitzen, höchstens leicht erwärmen darf! Es ist dunkelgrün und hat einen ganz besonderen, stark nussigen Geschmack, der sehr geschätzt wird, aber nicht jedermanns Sache ist. Hauptsächlich und ursprünglich wird es in der österreichischen Steiermark aus Kürbiskernen des Steirischen Ölkürbisses „Lady Godiva" gewonnen.

Gut geeignet als Salatöl, zum Eintunken von Brot, zum Verfeinern von Suppen, passt zu Terrinen, Sülzen, dient als Verzierung von kleinen Happen und Vorspeisen, kann auch zu Kürbiskerneis und anderen süßen Köstlichkeiten verarbeitet werden. Dieses Öl ist extrem lichtempfindlich, es verträgt keine Sonnenbestrahlung, es wird dabei braun, verliert den Geschmack und kann auch bitter werden.

Kokosöl

Es wird aus dem Nährgewebe der Kokosnuss gewonnen und zeichnet sich durch eine hohen Anteil an gesättigten Fettsäuren aus. In der Küche findet es meist Verwendung beim Backen, Braten und Frittieren. Es ist bei Zimmertemperatur fest und verflüssigt sich bei Hitzeeinwirkung sehr schnell. Sein leichter Kokosgeschmack kann Gemüsegerichten eine interessante Geschmacksnote verleihen.

Leinöl

Es wird aus den reifen Samen von Öllein – also aus Leinsamen – gewonnen. Leinöl hat einen sehr hohen Anteil an Omega-3-Fettsäuren und Omega-6-Fettsäuren und ist daher für unsere Gesundheit sehr förderlich. Es ist allerdings sehr luftempfindlich und schmeckt schon nach kurzer Zeit bitter. Frisches Öl hat einen leicht nussigen Geschmack und sollte nach dem Öffnen kühl und dunkel gelagert und bald aufgebraucht werden.

Maiskeimöl

Es wird aus den sehr fetthaltigen Keimlingen der ausgereiften Maiskörner, die bei der Maismehl- und Maisstärkegewinnung anfallen, gepresst und/oder durch Extrahieren gewonnen. Es dient als Speise- und Bratöl.

Mohnöl

Es wird aus den Samen des Schlafmohns durch Kaltpressung gewonnen. In geringer Menge wird es im österreichischen Waldviertel produziert. Es besitzt einen intensiven nussigen Geschmack und wird hauptsächlich für Salate und kalte Gerichte verwendet. Es sollte nicht über 170 °C erhitzt werden und ist daher zum Braten und Backen nur bedingt geeignet.

Nussöle

Walnussöl, Haselnussöl, Mandelöl: Alle diese Ölsorten haben einen besonderen Geschmack, den man auf Salaten, Vorspeisen und als letzte Zugabe vor dem Servieren von heißen Speisen schätzt, zum Beispiel beim Risotto oder bei einem Nudelgericht. Sie vertragen keine Hitze und sollten daher nur kalt verwendet werden – es sind Luxusöle, die auch ihren Preis haben! Sind sie nicht teuer, dann sollte man sich das Etikett genau ansehen, sie werden gerne mit einfachen Ölen verlängert! Nussöle werden schnell ranzig, sie müssen kühl und dunkel gelagert werden. Man sollte daher nur kleine Mengen auf Vorrat halten.

Olivenöl

Das geschmacklich so wunderbare, unraffinierte Öl aus wirklich erster Pressung, das aus besten, schonend gepflückten Oliven ohne Wärme- und chemische Behandlung mit begrenztem Druck gepresst wird, hat viele Bezeichnungen, die in dieser Qualitätsstufe dasselbe meinen: Jungfernöl, Premium Quality, kalt gepresstes Olivenöl, Kaltpressung, natives Olivenöl extra, auch Olio Vergine, Olio Extra Vergine oder Extravergine, Huile Vierge. Öl aus vollreifen Oliven hat eine goldgelbe Farbe. Je heller ein Öl ist, desto weniger fest sind die Früchte gepresst worden. Werden halbreife Oliven gepresst, so ist das Öl grünlich und schärfer im Geschmack. Jedoch gibt es auch grünliche Öle, die einen feinen milden Geschmack haben. Die Farbe hat auf die Qualität des Öls jedoch keinen Einfluss.

Olivenöl sollte nicht zu kühl aufbewahrt werden, denn es bildet schon bei 6 °C weißliche Flocken aus festen Fettbestandteilen aus, bei 0 °C erstarrt es zur Gänze. Für die Qualität des Olivenöls hat das eigentlich keine Bedeutung, denn diese Starre verschwindet, wenn das Öl einige Zeit bei normaler Temperatur steht. Olivenöl sollte am besten bei etwa 10 °C und dunkel gelagert werden, dann kann es nicht so leicht oxidieren und ranzig werden.

Rapsöl

Es wird aus den Samen der Rapspflanze gewonnen und wurde ursprünglich für technische Zwecke produziert. Erst als veränderte Sorten auf den Markt kamen, mit einem reduzierten Gehalt an Bitterstoffen, wurde es als Lebensmittel in Form von Speiseöl und zur Herstellung von Margarine interessant. Rapsöl enthält viele ungesättigte Fettsäuren und kaum Cholesterin.

Sonnenblumenöl

Das hauptsächlich aus Russland stammende Öl mit feinem Geschmack und Geruch wird aus den Kernen der Sonnenblumen gepresst. Das unraffinierte Öl sollte nur auf höchstens 170 °C erhitzt werden, um seine wertvollen Inhaltsstoffe zu erhalten. Daher eignet es sich nicht als Brat- und Frittieröl. Raffiniertes Sonnenblumenöl kann sehr hoch erhitzt und als Brat- oder Frittieröl verwendet werden.

Margarine und Streichfette

Als Margarine werden industriell hergestellte Streichfette bezeichnet. Sie dienen als Ersatz für Butter. Sie besteht aus einer Emulsion pflanzlicher und tierischer Fette sowie Wasser oder Magermilch und besitzt einen Fettgehalt zwischen 80 und 90 %. Um den Geschmack zu verbessern, werden häufig Säuerungsmittel wie Milchsäure oder Joghurtkulturen zugesetzt. Für die gelbliche Farbe kommt der Farbstoff Beta-Carotin zum Einsatz. Oft wird die Margarine auch mit Vitaminen versetzt, da bei der Produktion die natürlichen Vitamine der Grundstoffe weitgehend zerstört werden.

Man unterscheidet verschiedene Sorten von Margarinen:
Vollfettmargarine: Der Fettgehalt liegt zwischen 80 % und 90 % Fett. Sie besteht meist aus pflanzlichen Ölen und Fetten. Zusätze sind Wasser oder Molke, Emulgatoren, Joghurt, Zitronensäure und der Farbstoff Beta-Carotin.
Dreiviertelfettmargarine: Sie enthält zwischen 60 % und 62 % Fett, sie ist daher nur begrenzt zum Backen oder Braten geeignet.
Halbfettmargarine: Diese Sorte darf nur zwischen 39 % und 41 % Fett enthalten. Sie ist für die kalorienbewusste Ernährung gedacht, wegen des hohen Wasseranteils aber wie Dreiviertelfettmargarine nicht zum Braten und Backen geeignet. Der Milchfettanteil ist auf maximal 3 % begrenzt.
Pflanzenmargarine: Der Fettanteil muss zu 97 % aus Pflanzenfetten bestehen und mindestens 15 % Linolsäure enthalten. Der Fettanteil einer „Sonnenblumenmargarine" muss zu 97 % aus Sonnenblumenöl bestehen.
Bio-Margarine: Biomargarine wird nicht chemisch gehärtet. Die Streichfähigkeit wird durch Beimischung fester Fette erzeugt. Sie darf bis 5 % Stoffe aus nicht kontrolliert biologischem Anbau enthalten. Zutaten aus gentechnisch veränderten Organismen sind nicht erlaubt.

Margarine wird in der Küche vornehmlich zum Backen verwendet. Ein Abtrieb mit Margarine wird schneller schaumig als mit Butter, da Margarine auch in gekühltem Zustand eine weichere Konsistenz aufweist. Kekse mit Margarine werden nicht so leicht ranzig wie bei der Verwendung mit Butter. Allerdings ist der Geschmack auch anders als bei Butter.

Fettreduzierte Butter, Milchstreichfette

Der Begriff „Butter" ist rechtlich geschützt und darf nur für reine Butter mit einem Wasseranteil von höchstens 16 % verwendet werden. Halb- oder Dreiviertelfettbutter dürfen Zutaten wie Wasser, Joghurt, und Zusatzstoffe wie beispielsweise den Konservierungsstoff Sorbinsäure enthalten. Diese müssen in der Zutatenliste aufgeführt werden. Diese Milchstreichfette enthalten unterschiedliche Anteile an Butter:

Halbfettbutter: 39 % bis 41 % Fett
Dreiviertelbutter: 60 % bis 62 % Fett
Milchstreichfett: je nach Sorte 39 % Fett, 41 % bis 60 % Fett und
62 % bis 80 % Fett

Mischstreichfette

Bei Halb- und Dreiviertelfettbutter sowie Milchstreichfetten ist der Zusatz von Pflanzenöl nicht zulässig. Wird ein Teil des Milchfettes durch Pflanzenöl ersetzt, so spricht man von Mischstreichfetten. Meist wird Rapsöl verwendet, aber auch Olivenöl kommt zum Einsatz. Sie sind oftmals auch in einer gesalzenen Variante erhältlich. Diese Mischstreichfette werden mit Formulierungen wie „aus Butter und wertvollem Rapsöl", „besonders streichfähig" oder „streichzart – aus Butter, Rapsöl und Joghurt" beworben. Hier sollte man beim Kauf die Zutatenliste prüfen, denn oft werden neben den in der Formulierung genannten Ölsorten noch weitere Fette wie Palmöl zugesetzt.

Butter

Butter wird aus dem Fett der Milch, dem Rahm, hergestellt. Das Fett wird durch Zentrifugieren von den flüssigen Bestandteilen abgeschieden, sodass Butter entsteht.

Im Herstellungsprozess bleibt dann die Buttermilch übrig, eine leicht säuerliche Flüssigkeit mit noch vielen Nährstoffen. Aus 20 bis 25 Liter Milch kann man etwa 1 kg Butter gewinnen.

Butter verdirbt relativ rasch. Dafür ist das Milcheiweiß verantwortlich: Die Butter wird in Kontakt mit dem Sauerstoff der Luft ranzig.

Gut, aber nicht allzu lange aufbewahren kann man sie im Kühlschrank und luftdicht verpackt. Einige Monate lagerfähig ist die Butter in ihrer normalen Verpackung im Gefrierschrank. Sie wird bei Raumtemperatur wieder streichfähig.

Butter ist für den Geschmack wirklich durch nichts zu ersetzen, sie ist auch für gute Backwaren ein unerlässlicher Bestandteil. Lieber weniger, aber natürliche Butter als weitgehend künstlich gehärtete Streichfette verwenden!

Butterarten

Süßrahmbutter ist Butter aus süßem Rahm, der nicht gesäuert wurde. Sie ist milder, hat einen sahnig-süßlichen Geschmack und ist die am meisten verwendete Butter.

Sauerrahmbutter ist Butter aus pasteurisiertem, mit Milchsäurebakterien gesäuertem Rahm. Sie hat wie die Süßrahmbutter einen Fettanteil von 82 %, die Geschmacksunterschiede sind jedoch eher gering.

Joghurt-Butter, eine Butter, der Joghurt beigemischt wird, enthält 69 % Fett und 16 % Joghurt. Sie schmeckt angenehm säuerlich, kann aber zum Backen nicht verwendet werden.

Gesalzene Butter: der Süßrahmbutter wird 1 bis 3 % Salz zugesetzt.

Verwendung von Butter

Wichtig: Schaumige Butter, schaumiger Dotter und schmieriger Eischnee sind die besten Triebmittel für Teige.

Abbröseln der Butter für Streusel

Sehr kalte Butter wird mit Mehl und weiteren Zutaten, wie zum Beispiel geriebene Nüsse oder süße Brösel, nach Rezept mit möglichst kalten Händen abgebröselt. Wichtig ist, dass sich die Butter nicht erwärmt und schmilzt – die Hände immer wieder in kaltem Wasser kühlen und rasch arbeiten.

Cremig gerührte Butter für Gemüse

Nimmt man zum Beispiel für Spargel: Zimmerwarme Butter wird nur verrührt und nicht verflüssigt, es entsteht eine Art Buttersauce. Das hat den Vorteil, dass Spargel ganz besonders gut schmeckt und dass dieser Butterbrei auf dem Gemüse besser haftet als flüssige Butter.

Gewürzbutter

Für Aufstriche oder als Beigabe zu Fleisch versetzt man zimmerwarme, aber nicht flüssige Butter je nach Geschmack mit Salz, Gewürzen, Kräutern, Knoblauch oder Senf.

Braune Butter, „Nussbutter"

Butter wird vorsichtig erhitzt und durch stetiges Rühren sehr leicht gebräunt. Dadurch bekommt sie einen nussigen Geschmack. Zur Verfeinerung könnte man noch etwas Zitronensaft und Salz hinzugeben. Die Butter wird noch schäumend über die Speise gegossen, die sofort serviert werden sollte.

Bröselbutter

Ein kleines Stück Butter in einer Pfanne aufschäumen lassen, wieder ein kleines Stück Butter zugeben und aufschäumen lassen. So gibt man die Butter nach und nach in die Pfanne. Dadurch wird die Butter cremig. Nun kommen die Brösel dazu und zwar nur so viel, dass das Ganze flüssig bleibt. Leicht aufquellen lassen, eher nicht bräunen, wenig salzen. Bröselbutter für Obstknödel aus 100 g Butter, 100 g Brösel, 50 g Zucker, 1 Prise Zimt, 3 g Vanillezucker: Butter zerlassen, alle Zutaten vermischen, im auf 180 °C vorgeheizten Rohr etwa 10 Minuten bräunen. Öfter umrühren.

Butterschmalz, Ghee

Man kann auch Butter zum Braten verwenden, wenn sie vorher geklärt wurde. Dadurch wird sie zu Butterschmalz, das hoch erhitzbar ist und sich zum Braten und Frittieren sehr gut eignet. Es hat noch etwas von dem feinen Buttergeschmack und ist daher in der Küche sehr beliebt.

Industriell hergestelltes Butterschmalz wird nach dem Abkühlen oftmals mit Luft aufgeschlagen, damit es nicht so hart ist. Butterschmalz ist gekühlt sehr lange haltbar – sogar jahrelang –, es wird nicht ranzig, sondern kann höchstens schimmlige Stellen bekommen, wenn man es mit verderblichen Lebensmitteln verunreinigt. Es enthält keine Konservierungsstoffe.

Butter klären – Butter zu Butterschmalz machen

Butter bei geringer Hitze langsam erhitzen und aufschäumen lassen. Sofort vom Herd nehmen und einige Minuten stehen lassen. Dabei setzen sich Milcheiweiß und Laktose (Milchzucker) ab. Es entsteht ein Schaum, der abgeschöpft wird. Die nächste Schicht, das Butterschmalz, gießt man vorsichtig ab. Das am Boden verbleibende Milcheiweiß, eine weiße Schicht, kann entsorgt werden. Der dritte Teil ist das geklärte Butterschmalz.

Zu viel Fett aus einer Speise entfernen

Will man aus einer Suppe, Sauce oder einem Eintopf überschüssiges Fett entfernen, gießt man sehr kaltes Wasser – etwa ein Viertel der Menge, die man
entfetten will –, eventuell auch noch mit einigen Eiswürfeln versehen, in die
Masse. Durch den Kälteschock steigt das Fett auf und man kann es von der
Oberfläche abschöpfen.

Hat man Zeit und die Speise kann gut gekühlt werden, kann man aufgestiege-
nes Fett auch abnehmen, wenn es erstarrt ist. Hier ist man wieder im Vorteil,
wenn man Butterschmalz anstelle von Öl zum Braten genommen hat, denn
dieses kann stocken, ebenso wie auch das Fett vom Fleisch.

Das Kochen in heißem Fett

Frittieren: So nennt man das Kochen in reichlich Fett mit und ohne Umman-
telung des Kochgutes. Von Panieren spricht man, wenn man das Kochgut mit
einer mehrteiligen Hülle umgibt und dann in reichlich Fett gart. Frittiert oder
paniert kann alles Mögliche werden, Salziges und Süßes. Das Kochen in heißem Öl oder Fett geschieht immer ohne Deckel, damit sich keine Feuchtigkeit
bilden kann.

Ausback-Geräte

Am einfachsten funktioniert der Vorgang nach Gebrauchsanweisung mit einer
Fritteuse. Der große Vorteil ist, dass das Fett durch den automatischen Tempe-
raturmesser immer gleichmäßig heiß bleibt (siehe S. 225).

Ein normaler Topf geht aber auch: Da so viel Fett im Topf sein sollte, dass das
Frittiergut schwimmen kann, sollte der Topf nicht zu groß sein, sonst wird zu
viel Fett benötigt. Auch muss man bedenken, dass wegen der erforderlichen

gleichbleibenden Temperatur nur wenige Stücke zur gleichen Zeit gebacken werden sollten, denn bei vielen nebeneinander kühlt das Fett zu sehr ab. Sehr nützlich, aber nicht notwendig, ist ein in den Topf passender Drahtkorb, mit dem das Frittiergut leichter herausgehoben werden kann. Dazu braucht man aber sehr viel mehr Fett, weil der Korb nicht ganz bis zum Boden und an die Wand reicht! Ein normaler Lochlöffel oder ein Drahtschöpfer tun beim Herausheben genauso gute Dienste.

Frittieren und Ausbacken

Temperatur des Ausbackguts

Das Ausbackgut sollte immer zimmerwarm sein. Ist es aus dem Kühlschrank, so kühlt es beim Einlegen das heiße Öl zu sehr ab, und die Hülle wird nicht knusprig, denn das Fett braucht zu lange, um wieder heiß zu werden. Dabei wird die Panier, das heißt der Frittierteig extrem fett, denn das Öl hat Zeit, sich hineinzusaugen. Lediglich Zucker und Kräuter verbrennen sehr leicht. Kräuter sollte man daher nicht in den Teig mischen, Zucker nur in geringer Menge.

Temperatur zum Frittieren und Ausbacken

Die beste Temperatur für das Kochen in Fett liegt bei 170 °C bis 190 °C und sollte nicht darunter absinken, da sich sonst das Öl zu sehr in das Frittiergut einsaugt. Ist das Öl zu heiß, so wird das Frittiergut außen braun und ist dabei innen noch nicht durchgegart. Zum Bestimmen der richtigen Temperatur sollte man ein Fett-Thermometer verwenden, aber darauf achten, dass es keinen Kontakt mit dem sehr viel heißeren Topfboden hat.

Besonders wichtig ist das Erwärmen des Öls: Um es langsam zu erwärmen, die Herdplatte nur auf mittlere Stärke aufdrehen, nicht hinauf- und nicht hinunterschalten: So kann nichts verbrennen und man gewinnt Zeit. Man muss nur Geduld bis zum Einlegen des Frittierguts haben, hat aber dann beim Ausbacken keinen Stress und guten Erfolg.

Hat man kein Thermometer, hält man ein kleines Ende eines Frittierguts ins Öl. Brutzelt es schön, so legt man mal ein Stück ein, wartet kurz, je nach Größe des Stücks, dann kommt erst das nächste. Dies deshalb, damit die Frittiertemperatur nicht zu sehr abfällt. Immer darauf achten, dass das Fett gleichmäßig heiß bleibt: Kühlt es zu sehr ab, so wird die Panier nicht knusprig, sondern eher zäh, weil das Fett zu lange braucht, um wieder heiß zu werden. Es gilt, die Hitze nur durch langsameres oder schnelleres Einlegen zu regulieren.

Wenn die Stücke schön goldbraun sind, hebt man sie mit einem Loch- oder einem Drahtschöpfer heraus und gibt sie auf ein zwei- bis dreifach gelegtes Küchenpapier zum Abtropfen. Vorsicht: nicht zu dunkel werden lassen, denn sie bräunen noch nach.

Der Rauchpunkt

Beim Frittieren ist es erforderlich, das Fett über längere Zeit sehr heiß zu halten, das erfordert ein Produkt mit einem hohen Rauchpunkt, damit genügend Zeit für das Zubereiten bleibt. Daher sollte man für diese Zwecke nur raffinierte Fette oder einige wenige spezielle Ölsorten mit hohem Rauchpunkt verwenden: zum Beispiel Avocadoöl mit einem Rauchpunkt von 250 °C, Erdnussöl (220 °C), Traubenkernöl (210 °C bis 230 °C) und Butterschmalz (200 °C).

Ein zu heiß gewordenes Öl sollte man unbedingt weggießen: Fängt das Fett an zu rauchen, verändert sich in dem Moment seine Struktur, es wird für die menschliche Verdauung unverträglich und sollte nicht mehr verwendet werden. Außerdem schmeckt und riecht es sehr unangenehm. Vor dem Weggießen jedoch abkühlen lassen! Entsorgt wird Altspeiseöl bei einer Altstoffsammelstelle. Auf keinen Fall in den Ausguss oder in die Toilette entsorgen – es kann dort zu erheblichen Schäden und Verstopfungen in der Abwasserleitung führen.

Wenn Öl überschäumt

Wenn Öl überschäumt, dann ist vielleicht zu viel oder zu kaltes Kochgut hineingegeben worden oder das Öl ist zu oft oder zu lange verwendet worden, oder es ist sehr viel Flüssigkeit aus dem Frittiergut im Öl. Wenn es einmal anfängt, überzuschäumen, ist es besser und weniger arbeitsintensiv, es zu entsorgen und frisches Öl zu nehmen.

Aufbewahren der fertigen, knusprigen Stücke

Nach dem Abtropfen das Frittiergut im Backrohr, das auf 50 °C vorgeheizt wurde, warmhalten. Legt man die Stücke locker auf das Backgitter und nicht aufeinander, so bleiben sie knusprig. Das Backrohr sollte einen Spalt offenbleiben, damit keine feuchte Luft entsteht. Am besten einen Kochlöffel einklemmen.
Salzen sollte man erst unmittelbar vor dem Servieren, denn durch das Salz wird der knusprige Mantel wieder weich. Am besten, man gibt das Frittiergut in ein größeres Gefäß, streut Salz darüber und schwenkt alles durch, damit sich das Salz verteilen kann. Auf heißem Frittiergut hält Salz sehr viel besser, das gilt auch für Zucker.

Frittieren von Kartoffeln

Kartoffeln kann man in jeder gewünschten Form frittieren, nur eines ist dabei wichtig: Die Stücke müssen gleich groß sein, sonst werden sie nicht gleichmäßig gar.
Die geschälten und geschnittenen Stücke müssen zunächst eine Stunde lang in kaltes Wasser gegeben werden: Denn erstens sollen sie sich nicht durch den Luftsauerstoff verfärben, und zweitens soll die oberflächliche Stärke ausgeschwemmt werden, damit sie auf Grund ihrer natürlichen Feuchtigkeit nicht spritzt und die Stücke knusprig werden können. Nach dem Wässern alles gut ausschleudern und trockentupfen.
Wenn die Stücke im Fett sind, sollte man gelegentlich umrühren, damit sie nicht zusammenkleben.

Das doppelte Frittieren bei Kartoffeln

Das zweifache Frittieren ist praktisch, wenn man wenig Zeit hat: Die halbe Arbeit kann man so im Voraus erledigen. Dünnere Stücke bleiben nach einmaligem Frittieren längere Zeit – auch bis zu 2 Stunden – knusprig, wenn sie nicht gesalzen wurden. Dickere Stücke sollte man in zwei Teilen frittieren: das erste Mal bei niedrigerer Temperatur, damit sie weich werden, das zweite Mal, damit sie braun und knusprig werden.

Pommes frites oder dickere Scheiben von Kartoffeln:

Erstes Frittieren bei 160 °C für 5 bis 6 Minuten, dann herausnehmen, auf Küchenpapier abtropfen und abkühlen lassen.

Zweites Frittieren: Das Öl auf 190 °C erhitzen und für 2 bis 3 Minuten frittieren, bis sie hellbraun und knusprig geworden sind. Auf Küchenkrepp abtropfen lassen. Im Backrohr bei 50 °C warmhalten. Erst ganz kurz vor dem Servieren salzen, damit sie nicht weich werden.

Gemüse frittieren

Sehr feine Scheiben von Wurzelgemüse kann man wie feine Chips frittieren: Topinambur, Knollensellerie, Karotten, Petersilienwurzeln oder Pastinaken, je nach Geschmack.

Durch das Frittieren werden jedoch feste Gemüsesorten innen nicht immer gar, man sollte diese etwas vorkochen.

Sehr schöne Erfolge erzielt man zum Beispiel auch mit dem Frittieren von Petersilienzweigen!

Frittieren mit einer Hülle

Die Teighülle besteht dabei aus Mehl oder anderer Stärke wie Reis-, Mais- oder Kartoffelstärke, oftmals Eiern oder Dotter als Bindemittel und Flüssigkeit. **Vorsicht:** Zu dicker Teig ist schwer und pappig, zu dünner Teig läuft ab. Wenn man den Teig zu lange schlägt oder heftig rührt, könnte er zäh werden.

Würzen kann man den Teig je nach Geschmack. Sowohl der Teig als auch das Backgut kann gewürzt werden. Für pikante Teige kann man Muskatnuss hineinreiben, Salz zugeben, scharfe, eventuell asiatische Gewürze einmischen oder mit Paprikapulver färben. Ein knuspriges Endergebnis erzielt man durch langsames und nicht zu heißes Braten in Öl.

Flüssigkeiten zum Anrühren eines Ausbackteiges

Wasser macht den Teig leicht und weniger gehaltvoll.

Mineralwasser macht den Teig durch die darin enthaltene Kohlensäure etwas luftiger, verleiht ihm aber auch etwas vom Geschmack der Kohlensäure.

Milch macht den Teig geschmeidiger und dickflüssiger, er bräunt etwas schneller.

Bier entwickelt einen würzigen Geschmack und macht den Teig durch die darin enthaltene Kohlensäure locker. Passt gut für Zutaten, die zum Ausbacken etwas länger brauchen.

Wein zum Anrühren des Backteiges kann rot oder weiß sein. Bei Rotwein ist die Farbe zu bedenken, sie kann beim Ausbackgut zu dunkel wirken!

Manchmal wird ein wenig Backtriebmittel wie zum Beispiel Backpulver oder sogar ein wenig Germ empfohlen, damit der Teig besser aufgeht. Auch diese Teige nimmt man gerne für festes Ausbackgut.

Als süße Würze kann man alles dafür Übliche verwenden, zum Beispiel etwas geriebene Zitronen- oder Orangenschale, Zimt, Nelkenpulver oder passenden Likör.

Tipps gegen die Brandgefahr bei heißem Öl oder Fett

Wer mit diesen Zutaten in der Küche hantiert, sollte Vorsichtsmaßnahmen treffen: zum Beispiel einen passenden Deckel, oder eine Löschdecke bereithalten, um einen beginnenden Brand ersticken zu können. Das Fett niemals unbeaufsichtigt auf der Herdplatte lassen!

Achtung: niemals mit Wasser löschen, das ergibt heftige Explosionen!

Wichtig ist es, Fett niemals so hoch zu erhitzen, dass es anfängt zu rauchen, denn dann könnte es sich sehr schnell selbst entzünden.
Außerdem ist der Verzehr von verbranntem Fett gesundheitsschädigend.
Der Topf für das Erhitzen des Öls sollte so groß sein, dass er nur zu einem Drittel gefüllt werden muss. Das hilft sehr, denn so kann das Öl nicht so leicht herausspritzen oder übergehen.

Vorsicht mit Feuchtigkeit! Wenn sie ins Öl gelangt, dann kann es heftig spritzen und sogar kleine Explosionen verursachen. Also zum Beispiel Frittiergut so gut wie möglich von Feuchtigkeit, wie zum Beispiel Wasser, Fleisch- oder Obstsaft befreien.

Eine Herdplatte benützen, die der Topf vollständig abdeckt, damit herausspritzendes Fett keine Chance hat sich zu entzünden.
Das Gargut vorsichtig und achtsam einlegen, nicht hineinfallen lassen, damit das Öl nicht überschwappt. Alles Fett außerhalb des Topfes, besonders am Topf, sofort mit Küchenpapier wegwischen, damit es sich nicht entzünden kann.

Alkohol in der Küche

Mit Wein und anderen alkoholischen Getränken lassen sich Aromen, Charakter und auch Farbe in eine Speise zaubern. Außer den klassischen Rot- und Weißweinen sind aber auch Likör- und Schaumweine sowie Obstbrände beim Kochen einsetzbar. Während Wein fast immer mitgekocht und reduziert wird, werden höherprozentige Spirituosen erst zum Schluss dazugegeben, um die Speisen zu aromatisieren.

Egal, welcher Wein verwendet wird, es gilt immer das gleiche Prinzip: Durch das Kochen verflüchtigt sich der Alkohol und durch das verdampfende Wasser verdichtet sich sein Aroma.

Ein sehr guter Wein kann schon in winzigen Mengen eine Sauce vollenden, ein fehlerhafter Wein verdirbt sie. Vorsicht jedoch beim Kochen mit Alkohol bei Kindern, alkoholkranken Menschen oder Antialkoholikern: Zwar sinkt der Alkoholgehalt beim Kochen mit der Zeit, doch amerikanische Forscher haben herausgefunden, dass sogar nach einer halben Stunde Kochzeit immer noch 35 Prozent der Ausgangsmenge an Alkohol im fertigen Gericht enthalten sind. Selbst nach über zwei Stunden Garzeit sollen die Speisen noch mindestens fünf Prozent Alkohol enthalten. Er verkocht oder verfliegt also keineswegs völlig beim Kochen!

Wenn man bedenkt, dass auch Glühwein nach oft stundenlanger Siedezeit immer noch Alkohol enthält, ist das leicht vorstellbar. Für alkoholkranke Menschen beinhaltet also schon der Schuss Rotwein in der Sauce die Gefahr eines Rückfalls. Auch für Kinder sollte man bei der Zubereitung von Speisen und Desserts besser auf Alkohol verzichten, sonst gewöhnen sie sich daran.

Grundsätzlich gilt: heller Alkohol zu hellem Fleisch, dunkler Alkohol zu dunklem Fleisch. Aber das soll nur als Richtlinie dienen, im Grunde sind viele andere Kombinationen möglich.

Parfümieren mit Alkohol

Das Parfümieren mit Alkohol funktioniert nur mit hochprozentigen Destilla-
ten oder Likören. Der Geschmack des Alkohols soll nicht vorherrschen. Die
Art des Alkohols sollte immer zum Geschmack der Speise passen!
Zugegeben wird meist nur die Menge eines kleinen oder großen Schnapsgla-
ses, manchmal auch nur ein Esslöffel, und das meist nach der Fertigstellung der
Speise zum Abschmecken.

Liköre

In der Regel werden Liköre zum Parfümieren von süßen Speisen genommen, um deren Geschmack noch zu verstärken. Zum Beispiel kommt in eine
Nachspeise mit Orangen oder Vanille etwas Cointreau oder Grand Marnier,
beides Orangenliköre. Zu einem Dessert mit schwarzen Johannisbeeren passt
beispielsweise eine „Crème de cassis" oder einfach „Cassis", ein Likör aus
schwarzen Johannisbeeren. Und in einem Tiramisu darf Amaretto, der italienische Bittermandel-Likör, nicht fehlen. Einige Likörsorten eignen sich in
kleinen Mengen auch sehr gut für Marinaden, zum Beispiel für Salate oder für
dünn geschnittene Fleisch- oder Gemüsescheiben. Likör kann ein interessantes
Würzmittel sein: In der richtigen Menge passt er auch zu manchen deftigeren
Speisen als besondere Note. Liköre eignen sich auch zum Flambieren.

Destillate

Schnäpse und Geiste mit fruchtiger Note wie beispielsweise Marillenschnaps
oder Himbeergeist eignen sich ebenso wie Liköre zum Parfümieren von fruch-
tigen Saucen und Röstern für Desserts.

Kochen mit Alkohol

Wichtig beim Kochen mit einer größeren Menge an Alkohol ist eine weitgehende Reduktion, also das fast gänzliche Verkochen des Alkohols, damit ein feiner runder Geschmack entsteht. Beim Verdampfen des Weingeistes bleibt der Geschmack erhalten, die Säure der meisten Weine verkocht und schmeckt nicht mehr vor. In der Regel verdampft Alkohol bei etwa 70 °C.

Alkoholarten für das Kochen

Als Faustregel gilt, dass jeder Wein, der zum jeweiligen Gericht als Getränk passt, auch zum Kochen richtig ist. Es müssen keine Spitzenweine sein, weil man ihre spezielle Güte meist in verkochtem Zustand nicht schmecken kann und es um den guten Tropfen schade wäre. Einwandfreie, gute Tafelweine sind meist eine richtige Wahl.

Wein zum Kochen darf nicht korken, firnig oder abgestanden sein, das würde man sofort schmecken, denn durch die Reduktion verstärkt sich dieser Geschmack. Im Barrique-Fass ausgebaute Weine und Rosé-Weine sind eher nicht zum Kochen geeignet, sie haben einen zu speziellen Geschmack. Weiter ist ein zu starker Farbstoffgehalt nicht gut, weil er die Farbe der Sauce in ein Lila-Grau verwandeln könnte!

Weißweine

Passend für zarte Aromen: für helles Fleisch, feine Fische, helles Gemüse. Man kann alle Weinsorten, von trocken bis lieblich und süß, verwenden. In der Regel erzeugen aber die trockenen oder feinherben Sorten den besseren Geschmack. Beachten sollte man, dass der Wein in seiner Art zum Gericht passt. Sehr gut geeignet sind unkomplizierte, leicht säurebetonte Weißweine: Grüner Veltliner, Welschriesling, Muskateller, Chardonnay oder Weißburgunder, wenn sie nicht im Holz-Fass ausgebaut wurden. Weißweine mit besonderen Aromen wie Sauvignon Blanc oder Riesling verlangen oft nach speziellen Speisen für ihre Verwendung. Beim Traminer sollte man aufpassen: Er hat traubeneigene Bitterstoffe, die sich ebenfalls durch eine Reduktion verstärken könnten. Süße und fruchtige Weißweine verwendet man für Desserts.

Schaumweine

Sie können durch das Erhitzen ihre Schaumbildung, ihr Moussieren, nicht entfalten und reagieren wie normale Weine. Dennoch trägt die Kohlensäure, auch
wenn sie sich beim Kochen verflüchtigt, dazu bei, eine lockere Konsistenz
entstehen zu lassen. Champagner, Sekt und Prosecco verlieren natürlich auch
durch das Erhitzen das Moussieren, entwickeln aber einen ganz besonderen
Geschmack. Man kann das einmal ausprobieren, indem man junge Karotten in
trockenem Sekt weichkocht. Wenn man moussierende Flüssigkeiten wie Sekt
oder Champagner in weitgehend fertige Süßspeisen einrührt, so sollte man
nicht zu viel rühren, damit das Spritzige weitmöglichst erhalten bleibt.

Rotweine

Sie entwickeln einen viel kräftigeren Geschmack als Weißweine und passen am besten zu geschmacksintensiveren Speisen, dunklem Fleisch, kräftig schmeckendem Fisch und würzigem Gemüse. Am geeignetsten sind Blauer Burgunder und St. Laurent.

Generell ungeeignet zum Erhitzen sind tanninreiche Rotweine, zum Beispiel Cabernet Sauvignon oder Blaufränkischer. Sie verändern nicht nur die Farbe der entstehenden Sauce in eher graue statt rote Farbtöne, sondern auch den Geschmack. Meist entstehen dann leicht bittere Nuancen. Der Blaufränkisch eignet sich wiederum sehr gut für die Herstellung zum Beispiel von Rotweinbirnen, weil er sehr viel Farbe liefert, der Zucker diese Farbe konserviert und der Sirup daher nicht grau wird.

Rotwein ist auch als Beize zu empfehlen: Die Säure des Weines sorgt für eine Mazeration, eine Aufweichung des Gewebes, vergleichbar der Wirkung von Zitronensaft. Das Fleisch wird in gewisser Weise vorgegart und mürber im Biss.

Schwere Weine, Südweine und alkoholversetzte Weine

Letzteres sind Weine, denen meist reiner Branntwein zugesetzt worden ist. Sie sind sehr stark im Geschmack und geben durch das Reduzieren diesen dann auch an das Gericht ab. Es empfiehlt sich deshalb eine Reduktionsprobe.

Sherry: ein spanischer Südwein, mit hochprozentigem Alkohol verstärkt, der als Aperitif und als Dessertwein getrunken wird. Die meisten Sherry-Arten kann man für das Parfümieren sowie für das Reduzieren verwenden. Auch für Salatsaucen ist Sherry oder auch Portwein gebräuchlich.

Portwein: roter oder weißer Likörwein aus Portugal mit hohem Alkoholgehalt. Roter Portwein schmeckt süßlich, weißer trocken. Er wird zum Parfümieren verwendet, aber auch zum Reduzieren, wobei man ihn in geringerem Maße und meist nur auf die Hälfte reduziert.

Madeirawein: Er stammt von der gleichnamigen Insel und hat ein rauchiges, an Karamell erinnerndes Aroma. Auch er kann zum Parfümieren und zum Reduzieren verwendet werden.

Wermut: ein alkoholisches Getränk, das aus etwa drei Viertel Muskatellerwein besteht und dem die bitteren Blüten des Wermuts und andere Kräuter zugesetzt werden. Für die Küche ist ein besonders brauchbarer Wermut der französische Noilly Prat. Dafür werden leicht säuerliche Weine mit etwa 20 Kräutersorten vermischt und 18 Monate in Eichenfässern gereift. Er gilt als der trockenste Wermut und das Resultat beim Kochen ist sehr gut.

Biere

Statt Wasser oder Suppe wird Bier bei deftigen Eintöpfen zum Aufgießen oder als Schmorflüssigkeit verwendet. Am besten eignen sich leichte, untergärige Biere wie Märzen, Hell oder Lager, denn starke oder süßliche Sorten überdecken den Eigengeschmack der Grundzutat. Bier wird gerne zum Anrühren von Teigen genommen, denn es entsteht wegen der darin enthaltenen Kohlensäure eine leicht knusprige Oberfläche beim Frittieren. Wichtig ist, den Teig nicht zu viel zu rühren, sonst geht die Kohlensäure verloren.

Die Wein-Reduktionsprobe

Wenn man mit Wein kochen möchte, so ist es sehr empfehlenswert, den vorgesehenen Wein zur Probe zu reduzieren, denn je nach An- und Ausbaumethoden des Weins entwickelt sich der Geschmack der Reduktion.
Für die Reduktionsprobe gibt man auf den erhitzten Topfboden 60 ml Wein, lässt diesen fast zur Gänze verdunsten und kostet den Rest. Diesen Vorgang sollte man ein- bis zweimal wiederholen. Anschließend kostet man die Reduktion: Schmeckt sie nicht sauer, kann man sie verwenden.

Die Wermut-Reduktion

Dafür gießt man in einen erhitzten Topf etwa 60 ml Wermut und reduziert ihn, bis fast nichts mehr da ist. Diesen Vorgang mehrere Male wiederholen und anschließend mit Suppe auffüllen
Die Wermut-Reduktion ist eine Basis für viele Saucen: Geschnetzelte Leber zum Beispiel wird damit wunderbar!

„Ablöschen" und „auffüllen"

In vielen Rezepten steht: „Mit Wein ablöschen, mit Flüssigkeit auffüllen". Meist wird dann der Wein in den Topf gegeben und unmittelbar danach gleich mit Flüssigkeit aufgefüllt. Das führt aber zu keinem guten Ergebnis. Doch warum nicht?

Wichtig wäre hier vielmehr die Angabe, dass der Alkohol reduziert, also weggekocht werden soll, und in welchem Maß, nämlich meist fast zur Gänze. Und dass man erst danach mit Flüssigkeiten auffüllt! Es müsste also heißen: „Mit Wein ablöschen, diesen fast ganz reduzieren und mit Flüssigkeit auffüllen" (siehe auch „Aufgießen" S. 196).

Ganz besonders Weißwein kann einem Gericht eine extrem säuerliche Note geben: Der Geschmack kann sich nicht entfalten, die Säure aber entwickelt sich sehr stark.

Wenn man den Geschmack verbessern möchte, so empfiehlt sich die mehrmalige Zugabe von Alkohol in kleinen Mengen von höchstens 60 ml. Diese Menge sollte dann immer fast ganz reduziert werden, bevor ein nächster Teil zugefügt wird. Dabei entsteht der Geschmack, Säure und Alkohol verflüchtigen sich.

Wichtig ist jedoch, den Alkohol nur auf den Topfboden zu gießen, damit er dort zur Gänze reduzieren kann. Nicht jedoch zum Beispiel auf Gemüse oder auf Knochen geben: Auf diese Weise kann er nur unvollständig beziehungsweise gar nicht reduziert werden. Alles, was schon im Topf ist, sollte zur Seite geschoben werden, damit Platz ist für die Reduktion.

Hat man aber im Topf für eine Reduktion keinen Platz, so könnte man diese auch in einem Extratopf vornehmen und sie zuletzt mit ein wenig Wasser loskochen und der Speise zufügen. Wenn Wein als „Auffüllung" angegeben wird, was zum Beispiel bei Schmorbraten der Fall ist, so sollte während des Schmorvorganges besonders Weißwein mindestens um zwei Drittel, Rotwein um die Hälfte verkochen, bevor man mit Flüssigkeit auffüllt.

Flambieren

Am besten ist das Flambieren am Tisch, denn es dauert nur ganz kurz und bietet immer einen festlichen und spannenden Anblick. Spirituosen mit einem hohen Alkoholgehalt und auch Liköre sind ideal, um Speisen zu flambieren. Immer sollte der Alkoholgehalt mindestens 40 Vol.-% betragen.

Beim Erhitzen verdampft der Alkohol und dieser Dampf kann angezündet werden. Beim Flambieren wird die Speise geröstet und bräunt etwas nach, der Alkohol hinterlässt seinen Grundgeschmack. Zucker auf der Speise wird leicht karamellisiert.

Damit es funktioniert, sollte die Speise sehr heiß sein. Ist sie nicht heiß genug, so verlöschen die Flammen zu früh. Damit der Alkohol nicht in die Speise eindringt, bevor er angezündet wird, sollte man ihn in einer kleinen Stielkasserolle – damit es beim Halten nicht zu heiß wird – über einer Spiritusflamme erhitzen und den dabei entstehenden Dampf vorsichtig entzünden, wobei man das Streichholz so weit unten und so seitlich wie möglich zum Alkohol hält. Achtung, die Flammen können hoch aufsteigen! Sodann übergießt man die Speise gleichmäßig mit dem bläulich brennenden Alkohol, der dann auf der Speise weiter verbrennen wird. Eine Köstlichkeit zum Flambieren ist „Crêpe Suzette", aber auch Fleischgerichte werden in der französischen und der asiatischen Küche mit Cognac oder Pastis flambiert. Sehr effektvoll können auch ganze Braten flambiert werden.

Alkohol in Sorbet, Parfait, Eis

Ist mehr Alkohol in einer Masse, kann diese nicht so leicht oder zu wenig gefrieren! In Eis, Sorbet oder Parfait dienen Spirituosen jedoch dazu, den Gefriervorgang zu steuern: Da Alkohol einen hohen Gefrierpunkt hat, können somit in der Masse keine größeren Eiskristalle entstehen, sie wird nicht so fest.

Wo Alkohol eher störend wirken kann

Alkohol passt nicht, wenn die Speisen geselcht, geräuchert oder mit viel Salz, Essig oder Zitronensaft mariniert worden sind. Es kann keine Harmonie entstehen, denn diese Geschmacksrichtungen sind schon zu dominant.

Bei Kräuterzubereitungen sollte man keinen Alkohol verwenden, denn er würde den Geschmack überdecken. Das einzige Kraut, das Alkohol verträgt, ist die Pfefferminze: Sie akzeptiert die Beimengung von Pfefferminzlikör.

Vorsicht: Alkohol bekommt in Aluminiumtöpfen einen metallischen Geschmack!

Binden von Flüssigkeiten

Binden von kalten Flüssigkeiten

Gelieren mit Hilfe von Gelatine und Agar-Agar

Das Gelieren ist das Andicken einer flüssigen, in der Regel kalten Masse bis hin zur Schnittfestigkeit. Die Festigkeit der Masse gewährleistet einen gewissen Luftabschluss, bewirkt jedoch keine Konservierung. Gelatine wird aus dem Bindegewebe von Tieren, vor allem Rindern und Schweinen gewonnen. Eine vegetarische Alternative ist das aus Algen gewonnene Agar-Agar.

Wissenswertes über Gelatine und ihre Eigenschaften

Gelatine ist fast farblos und glasklar durchscheinend. Süße wie auch salzige Flüssigkeiten können mit Gelatine versetzt werden, weil sie selbst keinen Geschmack oder Geruch mitbringt. Man kauft sie in Blättern oder in Form von Pulver in Beutelchen, beides ist gleichwertig. Gelatine kann trocken und luftig fast unbegrenzt lange aufbewahrt werden. Wenn eine Speise mit Gelatine versetzt ist, dann bildet sich ein Gel, das die Masse, je nach zugesetzter Menge, cremig-weich bis schnittfest werden lässt. Führt man Wärme oder Kälte (zum Beispiel im Tiefkühler) zu, wird die Masse wieder weich: Gelatine beginnt bei 18 °C bis 20 °C zu stocken, also fest zu werden, und fängt bei Temperaturen um 30 °C an, sich wieder zu verflüssigen. Eine Masse, die Gelatine enthält, darf also nur wenig warm, aber niemals heiß werden oder andererseits nicht gefrieren, die ganze Gelierkraft würde verloren gehen.

Früchte wie Papaya, Ananas, Kiwi, Feigen oder Mango sollte man nicht roh für Gelee-Speisen verwenden, da sie durch das eiweißspaltende Enzym Papain das Festwerden der Gelatine verhindern. Blanchiert man die zerteilten Früchte kurz, zerstört man diese Eigenschaft und die Gelatine kann wirken.

Mengenangaben für Gelatine

Ein Blatt Gelatine entspricht in der Regel einem Beutelchen Gelatine-pulver. Die Angaben in den Rezepten gelten üblicherweise bei normalen Raumtemperaturen von 23 °C bis 25 °C. Für einen halben Liter Flüssig-keit werden zum Festwerden 6 Blatt oder 6 Beutelchen Gelatine benötigt, wenn im Rezept nichts anderes angegeben ist. Das ist eine Mengenanga-be für eine normale Umgebungstemperatur. Im Sommer, wenn es draußen sehr warm ist, nimmt man um die Hälfte mehr Gelatine. Für Cremen nimmt man weniger Gelatine, etwa 4 Blatt für 500 ml Flüssigkeit im Winter, 6 bis 8 Blatt im Sommer. Eine geringe Zugabe von Säure, zum Beispiel Zitronensaft oder Essig, oder Kochsalz in der Masse, die verfestigt werden soll, fördert die Gelierung.

Auflösen von Gelatine

Gelatine in kaltem Wasser 4 bis 8 Minuten einweichen. Sie muss zunächst aufquellen. Dabei kann man überprüfen, ob sich die Gelatine schon weich anfühlt. Nicht zu lange einweichen, sonst zergeht sie. Sodann drückt man mit der Hand die Einweichflüssigkeit, also das Wasser, aus.
Die ausgedrückte Gelatine kommt nun in die heiße Auflöse-Flüssigkeit. Bitte aufpassen: Die Flüssigkeit zum Auflösen der Gelatine sollte heiß sein, aber nicht kochen. Die Flüssigkeitsmenge für das Auflösen der Gelatine sollte so viel sein, dass das Rezept nach der Zugabe in Bezug auf die Flüssigkeitsmenge noch stimmt und sich Gelatine trotzdem gut auflösen kann. Meist ist im Rezept die Menge der Auflöse-Flüssigkeit angegeben. Sollte das nicht der Fall sein: etwa 3 bis 5 Esslöffel genügen meist. Als Flüssigkeit kommt alles infrage, was zur Masse passt, die durch die Gelatine verdickt werden soll und die man heiß machen kann. Also zum Beispiel Wasser, Zitronensaft, Fruchtsaft, Suppe, Fond, Milch, Kaffee, Obstsaft, Wein, hochprozen-tiger Alkohol. Auch für kalte Speisen muss die Gelatine heiß aufgelöst und untergemischt werden.

Einmischen von Gelatine in kühle Massen

Aufgelöste Gelatine nicht stehen lassen, sondern sofort unter die zu verdicken-
de kühle Masse rühren. Am besten ist es, erst etwas von der kühlen Masse zur
Gelatine zu geben, um die Temperaturen anzugleichen. Erst im Anschluss wird
die abgekühlte Gelatinemasse zur Hauptmasse gegeben, so ist gewährleistet,
dass keine Klümpchen entstehen.

Gelatine in Eischnee und geschlagenem Obers: Die Gelatine kann Luftbläschen von Eischnee und geschlagenem Obers fein umhüllen und sorgt so
für mehr Standfestigkeit und Luftigkeit. Weil das Geschlagene ja schon von
alleine steht, setzt man viel weniger Gelatine zu, zumeist nur die Hälfte der
üblichen Menge. Sonst schmeckt die Masse recht künstlich und wird zu fest.

Wenn genügend Gelatine zugefügt wurde, ist die eingedickte Masse auch
sturzfähig oder kann in Scheiben aufgeschnitten werden. Dazu muss man das
Messer für jeden Schnitt in heißes Wasser tauchen. Wenn weniger Gelatine in
einer Masse ist, bleibt sie cremig. Enthält die Masse zuviel Gelatine, kann sie
gummiartig und zäh werden. Mit Gelatine versetzte Speisen sollten immer gut
gekühlt, aber niemals eingefroren werden, denn sonst zerrinnen sie beim Auftauen. Dickere Massen benötigen zum Kühlen 3 bis 5 Stunden. Je nach Au-
ßentemperatur sollte man eine mit Gelatine versetzte Masse nicht zu schnell
abkühlen, sonst verliert sich die Gelierkraft. Zu starkes Kühlen lässt die mit
Gelatine versetzte Speise kristallisieren!

Beim Gelieren sollten man sich vorher entscheiden, wie die Masse serviert
werden soll. Die einfachste Art ist, sie in eine schöne Schüssel zu geben und
nach dem Festwerden mit einem Löffel auszuteilen. Die Oberfläche kann man
dabei sehr dekorativ gestalten. Aber auch jede ande-
re große oder kleine Form, aus der man
eine Masse stürzen kann, ist geeignet, nur konisch sollen die
Formen sein, damit man
die Masse herausstür-
zen kann.

Gelatinemasse zum Stürzen

Möchte man die Masse stürzen, muss sie natürlich mit einer größeren Menge an Gelatine versehen sein, damit sie genügend Festigkeit hat. Die Form kurz in heißes Wasser tauchen und die Masse mit einem Messer vom Rand ablösen. Anschließend den Servierteller auf die Form legen und dann beides zusammen zügig, aber nicht zu hastig, umdrehen.

Normal gekühlt kann man Gelatinespeisen 2 bis 3 Tage aufbewahren, dabei werden sie immer fester. Wenn man sie also benötigt, sollte man sie mindestens eine halbe Stunde vorher aus der Kühlung herausnehmen, damit sie wieder etwas weicher werden.

Mehrere Lagen verschiedener Gelatinemassen zusammensetzen

Wenn eine Form mit mehreren, mit Gelatine versetzten Lagen gefüllt werden soll, so muss die erste Lage im Kühlschrank schon mindestens zwei bis drei Stunden schön durchgekühlt und dadurch fest geworden sein. Die Anschlussmasse muss jedoch noch zimmerwarm sein, sonst kann sie nicht anbinden.

Also: bestehende, mit Gelatine versetzte Lage kalt und fest werden lassen, die Anschlusslage bleibt mindestens zimmerwarm. Für weitere Lagen ebenso abwechselnd weitermachen. Die fertig gefüllte Form sollte dann mindestens sechs Stunden kühlen.

Binden von Früchten für einen Belag

Möchte man eine Torte oder einen fertig gebackenen Teigboden mit Früchten belegen, so versiegelt man ihn zunächst mit passierter Marmelade, damit der Boden vom abtropfenden Fruchtsaft und dem Gelee nicht durchfeuchtet werden kann.

Früchtebelag zubereiten: 4 Blatt Gelatine werden kalt eingeweicht. 80 ml Wein, Wasser oder Fruchtsaft in einen Topf geben. Von dieser noch kalten Flüssigkeit ein wenig in eine Tasse abfüllen und mit 30 g Speisestärke für eine bessere Bindung verrühren. Die restliche Flüssigkeit aufkochen, das Stärkegemisch einrühren und kurz durchkochen lassen. Vom Herd nehmen und ein wenig abkühlen. Die ausgedrückte Gelatine und die Früchte in die noch heiße Masse einrühren, etwas abkühlen lassen und den versiegelten Kuchenboden in der Form füllen. Im Kühlschrank gut durchkühlen.

Zarte Früchte wie Himbeeren nur frisch verwenden, die Flüssigkeit weitgehend abkühlen und nach dem Zugeben der Früchte nur mehr wenig rühren, damit die Früchte ganz bleiben.

Feste Früchte sollten in wenig Wein oder Wasser vorgedünstet werden, damit sie nicht hart, aber bissfest sind.

Gelee auftragen

Um einen Geleespiegel, also eine ganze Schicht auf einer Torte oder Ähnlichem aufzutragen, braucht man ein Gefäß mit einem hohen Rand oder einen Tortenring, innerhalb dessen das Gelee fest werden kann. Man kann auch fertiges Tortengelee-Pulver mit und ohne Einfärbung kaufen. Der Rand kann auch aus einem Teig bestehen, den man gleich in einer speziellen Tortenform mitbackt. Das Gelee wird dann als Spiegel für das Obst, oder was man eben darunter haben will, bedeckend eingegossen. Anschließend im Kühlschrank fest werden lassen.

Um den Einsatz von Gelatine zu minimieren, genügt es, das Obst auf dem Tortenboden geordnet zu verteilen, zum Beispiel schöne, ganze Himbeeren, auch eingefrorene und noch nicht aufgetaute. Sie werden mit der Öffnung nach unten dicht an dicht aufgestellt. Sodann kann man diese Früchte und Beeren mit Hilfe eines Pinsels mit dem lauwarmen Gelee rundherum betupfen. Diese Methode überglänzt die Früchte dekorativ, der Kuchen sieht natürlich aus und zwischen die Früchte rinnt gerade so viel Gelee, dass sie auf der Torte halten. Eventuell nach dem ersten Betupfen und Erkalten noch eine weitere Schicht Gelee auftupfen.

Salzige und saure Gelees

Aspik, Sulz oder Sülze ist die salzige Version eines Gelees. Es ist eine Zubereitung von gegarten Zutaten wie zum Beispiel Gemüse, Fleisch, Meeresfrüchten, gekochten Eiern oder Wurst, die mit einer Geleemasse zusammengehalten werden. Sie werden beim Servieren meist mit einer würzigen Salatmarinade und einem sehr guten Speiseöl verfeinert. Hier ist es wichtig, dass man diese Marinade erst ganz zuletzt zufügt, denn die Säure der Marinade würde das Gelee auflösen. Auch saure Zutaten in der Sülze haben diese Eigenschaft. Rohe Zutaten würden durch ihre Härte das Aspik zerbrechen lassen, deswegen sollte man nur gegarte, also weiche Zutaten verwenden.

Grundbestandteil ist bei hausgemachten Sülzen in der Regel der geklärte Fond oder eine klare Fleisch- oder Fischsuppe. Diese Zutaten gelieren durch eigene Kraft oder durch Zusatz von Geliermitteln zu gallertartigen, leicht trüben bis klaren, druckempfindlichen Massen.
Im Grunde genommen braucht eine Sulz nicht klar zu sein. Man kann statt der durchsichtigen Gelierflüssigkeit auch ein würziges, gut abgeschmecktes Gemüsepüree mit Gelatine versehen und einfüllen.

Als Form für eine Sülze kann man Gefäße aus den verschiedensten Materialien nehmen, die für Lebensmittel geeignet sind. Sie müssen nur oben weiter sein als am Boden, damit die Sulz beim Stürzen auch aus der Form gleiten kann.

Zum Stürzen löst man zunächst den Rand, indem man die Sülze an der Oberfläche mit den Fingern ein wenig zur Mitte hinzieht. Nun taucht man die Form ganz kurz in ein Gefäß mit heißem Wasser. Dadurch sollte lediglich rundherum eine dünne Schicht schmelzen. Sodann legt man das Serviergeschirr über die Form, hält beides gut fest und dreht alles zusammen um. Nicht zu schnell, damit nichts verrutscht. Zum Schneiden verwendet man am besten ein Elektromesser oder ein sehr scharfes Messer, das man für jeden Schnitt wieder in heißes Wasser tauchen muss.

Sülze nie während des Abkühlens abdecken, da sie sehr leicht sauer werden kann. Eine mit Gelatine zubereitete Sülze kann man im Kühlschrank bis zu drei Tage lang aufbewahren.
Zu beachten wäre auch noch, die Sülze sehr pikant und gut gewürzt abzuschmecken, sonst wirkt sie durch die Gallerte schnell fade.

Binden von erhitzbaren Flüssigkeiten

Die gebräuchlichste Art ist das Binden mit glattem Mehl. Griffiges Mehl kann keine so gute Bindung herstellen, da es nicht fein genug ist.

Binden mit angerührtem Mehl

In ein wenig kaltem Wasser verrührt man etwa 1 bis 2 Esslöffel glattes Mehl. Sorgfältiges Glattrühren ist dabei wichtig, sonst gibt es Klümpchen im Kochgut. Grundsätzlich sollte man Mehl als Zugabe immer zuerst in eine Flüssigkeit wie Wasser oder Milch einrühren, wenn man Klümpchen vermeiden will. Sollten sich beim Anrühren doch hartnäckige Klümpchen gebildet haben, hilft manchmal ein Sieb, durch das der Brei am besten mit den Fingern in ein kleines Gefäß passiert werden kann. Diesen dicklichen Brei gießt man also unter Rühren in die kochende Flüssigkeit, die sich zu verdicken beginnt. Diese sollte etwa 10 Minuten sanft köcheln, denn der Mehlgeschmack verschwindet erst ganz allmählich durch das Kochen. Der Geschmack wird letztlich neutral, im Gegensatz zur Einbrenn.
Vorsicht: Beim Durchkochen kann die Speise durch das Mehl leicht anbrennen. Daher sollte auch am Topfboden gut gerührt oder ein beschichteter Topf verwendet werden.

Binden mit geröstetem Mehl

Glattes Mehl wird in einem nicht sehr heißen, trockenen Topf ohne Fett geröstet, bis es hellbraun ist. Mit Flüssigkeit ablöschen bis ein Brei entsteht, der untergerührt werden kann. Dieses geröstete Mehl hat den Vorteil, dass es gut schmeckt, weil die Stärke in Dextrose umgewandelt wurde, und dass es dem Kochgut eine recht schöne Farbe verleiht. Auch hier gut durchköcheln.

Binden mit Einbrenn

Eine Einbrenn oder Mehlschwitze ist eine Mischung aus Fett und Mehl, die zur Bindung von Flüssigkeiten verwendet wird. Eigentlich ist „Mehlschwitze" eine recht treffende Bezeichnung, denn dafür sollte das Mehl im Topf nur schwitzen und wenig Farbe nehmen. Das hat den Vorteil, dass das so aufbereitete Mehl nicht leicht Klümpchen macht, wenn man dann die kalte Flüssigkeit zügig mit einem Schneebesen einrührt.

Wegen des Mehlgeschmacks sollte die Masse etwa 10 Minuten lang durchkochen. Das Zusetzen von Rahm, Sauerrahm oder Crème fraîche erfolgt zuletzt. Ist die Beschaffenheit der Einbrenn zu trocken oder bröselig, kann ohne weiteres noch Fett zugesetzt werden. Ist sie wegen zu viel Fett zu flüssig, hat das keinen Einfluss auf die Qualität, lediglich das Kochgut wird etwas fetthaltiger. Bei zu wenig Mehl kann noch weiteres zugefügt werden, nur sollte dieses noch ein wenig mitrösten, denn nur dadurch quillt es auf und kann dann seine Bindefähigkeit entfalten.

Wem die Menge der Einbrenn zu viel ist, kann etwas davon zur Seite geben. Den Rest könnte man auch aufheben.

In beschichteten Töpfen kann eine Mehlschwitze nicht so leicht bräunen, die fertig verdickte Masse ist jedoch in einem beschichteten Geschirr leichter zu verarbeiten.

Binden mit Butter

Manche gute Sauce verträgt zu guter Letzt noch ein klein wenig mehr an Bindung. Dafür eignen sich kleine, kalte Butterstückchen: Sie werden im Tiefkühler eingefroren bereitgehalten und der sehr heißen, aber nicht mehr kochenden Flüssigkeit kräftig untergerührt. Am besten geht das mit einem Mixer, denn die dabei eingerührte Luft lässt die Masse noch luftiger erscheinen. Außerdem bekommt jede Sauce dadurch einen schönen Glanz.

Achtung: Wenn die Butterstückchen beim Unterrühren nicht kalt genug sind, können sie die Flüssigkeit nicht abbinden.

Binden mit Mehlbutter

Weiche, zimmerwarme Butter mit dem Schneebesen aufschlagen und die gleiche Menge an glattem Mehl einarbeiten. Ein wenig rasten lassen, damit das Mehl sich gut mit den restlichen Zutaten verbinden kann. Anschließend im Tiefkühler in kleinen Stückchen aufbewahren. Verwendet wird die Mehlbutter kurz vor dem Servieren: Man gibt sie der kochenden Flüssigkeit stückchenweise zu und rührt sie kräftig unter, bis die gewünschte Bindung erreicht ist. Mehlbutter (frz. Beurre manié) verbessert den Geschmack und kann so einer etwas langweiligen Sauce zu einer angenehmen Konsistenz verhelfen. Nur kurz aufkochen, denn das Fett der Butter hat das Mehl bereits aufgeschlossen.

Binden mit Speisestärke

Als Speisestärke werden Mais-, Kartoffel- oder Reisstärke, Pfeilwurzelmehl, Sago (Stärke aus Sagopalmenmark), Johannisbrotkernmehl, oder Guarkernmehl verwendet. Die zermahlenen Grundprodukte werden, vereinfacht ausgedrückt, von Fett, Eiweiß und Fasern gereinigt. Es bleibt ein reinweißes Pulver zurück, das eine viel höhere Bindungsfähigkeit hat als normales Weizenmehl. Um die gleiche Bindung zu erreichen, braucht man nur die Hälfte oder noch weniger an Stärke. Dafür gibt es genaue Angaben auf den Packungen.

Stärke hat keinen Eigengeschmack. Nur kurzes Aufkochen nach der Zugabe der Stärkemischung ist erforderlich. Kocht man die eingedickte Flüssigkeit zu lange, verschwindet die Bindung. Kartoffelstärke ist oft empfehlenswerter als Mehl, weil sie besser die Flüssigkeit bindet. Ein Teig kann zum Beispiel damit länger stehen, ohne zu nässen.

Manche Stärkemehle verdicken auch kalte Speisen, müssen also nicht erhitzt werden, zum Beispiel Johannisbrotkernmehl oder Guarkernmehl. Beim Anrühren des Stärkemehls mit kaltem Wasser bilden sich keine Klümpchen. Die gebundene Flüssigkeit hat ein glasiges bis leicht graues Aussehen.

1 gestrichener Esslöffel Stärke entspricht etwa 10 g. Man braucht für 1 Liter Flüssigkeit für Suppen etwa 30 bis 40 g, für 1 Liter Sauce 40 bis 50 g, für Cremen 50 bis 60 g. Allerdings sollte man die Angaben auf den Packungen beachten. Als Grundregel gilt: Man benötigt nur die Hälfte der Mehlmenge. Jede Stärke wird kalt angerührt, jeweils für 1 gestrichenen Esslöffel Stärkemehl 2 bis 3 Esslöffel kalte Flüssigkeit. Anschließend wird das der kochenden Flüssigkeit unter Rühren zugegeben. Nun sollte diese nochmals gut aufwallen, die genaue Zeit steht auf den jeweiligen Packungen. Wird eine durch Stärkemehl gebundene, kalt gewordene Speise wieder aufgekocht, muss höchstwahrscheinlich nochmals eingedickt werden.

Binden mit Puddingpulver

Zum Binden von süßen Speisen, Saucen oder Cremen kann man auch Puddingpulver nach Gebrauchsanweisung verwenden oder auch als Verdickungsmittel in kleinen Mengen auflösen und unterrühren. Das ist praktisch, wenn man keine Stärkemehl zur Hand hat.

Binden mit Eidotter

Ein Dotter hat die gleiche Bindefähigkeit wie 5 g Mehl. Das Legieren oder Binden mit dem in Rahm eingerührten Dotter verleiht der Flüssigkeit eine feine und mollige Konsistenz. Zum Binden von 1 Liter Suppe sind 2 Dotter und 100 ml Rahm empfehlenswert. Wenn man eine Sauce zum Beispiel dicker haben will, nimmt man bis zu 4 Dotter und 200 ml Rahm auf 1 Liter Sauce. In einem Gefäß werden ein Teil von der sehr warmen Flüssigkeit und der oder die Dotter mit raschen Bewegungen, am besten mit einem Schneebesen zusammengerührt und dann der restlichen Flüssigkeit untergemischt. Nun sollte alles zusammen nochmals auf den Herd und sehr vorsichtig bis unter den Siedepunkt erwärmt werden, bis die Flüssigkeit abbindet.

Binden mit Zwiebel

Um eine dickliche Sauce für Gemüse, Kartoffeln oder für Gulasch herzustellen, sollte man unbedingt mindestens die gleiche Menge an Zwiebeln wie an anderen Zutaten wie Kartoffeln, Fleisch oder Gemüse verwenden.

Die in mittlere Größe geschnittenen Zwiebeln sollten nur ganz langsam und mit wenig Hitze braten, denn sie sollen zuerst nur glasig und damit weich und durchgegart werden, und erst dann in der Folge ein wenig Bräune annehmen. Hier ist nicht die Bräune das Wichtigste, sondern dass die Zwiebeln innen so weich werden, dass sie bei der Zubereitung der Sauce eigentlich schon am Zerfallen sind. Das dauert sicher eine Stunde oder mehr, aber das ist das Geheimnis einer ganz wunderbaren, delikaten Sauce! Hat man sie dagegen zu stark und zu schnell angebräunt, werden sie fest und zäh und können nicht mehr so zerfallen wie sie es sollten. Die richtige Art der Zubereitung macht ein richtiges Gulasch aus.

Binden mit Brot

Dazu nimmt man entrindetes, eingeweichtes Weiß- oder Schwarzbrot, für deftige Speisen auch mit Rinde. Zum Einweichen kann man Wasser, Milch, Rahm, Suppe, verdünnten Essig oder Wein nehmen. Je nach Trockenheit des Brotes dauert das unterschiedlich lange. Man gießt dann die überschüssige Einweichflüssigkeit ab und mixt den Rest im Mixer oder mit dem Pürierstab. Die Masse darf aber nicht zu lange gemixt werden, denn sie kann dabei zäh werden. Nun fügt man den passierten Brot-Brei der zu bindenden Flüssigkeit hinzu. Diese Methode verwendet man für Suppen, deftige Eintöpfe, aber auch für Würzsaucen von kaltem Fleisch oder Fisch.

Salsa verde

Berühmt ist hier die italienische Sauce „Salsa verde" oder „Grüne Sauce". Dafür mixt man zunächst verschiedene Kräuter, Knoblauchzehen, etwas Sardellenfilet mit etwas Olivenöl. Dann fügt man in Weißweinessig eingeweichtes, entrindetes und ausgedrücktes Weißbrot dazu und mixt alles unter langsamem Zugießen von Olivenöl so lange, bis eine sämige Sauce entsteht. Nicht nur für Fleisch und Fisch als Beilage, sondern auch zu Nudeln oder Aufläufen ist das eine himmlische Zugabe!

Binden mit Bröseln

Gewöhnliche Weißbrotbrösel sollten länger Zeit haben zum Aufquellen, denn sie sind recht körnig. Sehr gut geeignet sind frische Toastbrot-Brösel, die man selbst herstellt: Vom noch weichen Toastbrot wird allseitig die Rinde weggeschnitten und in Teilen im Mixer oder besser noch in einem Blitzhacker zerhackt und zur Bindung untergemischt.

Formen und Folien

Zubereitungen in Formen

Formen füllen

Gilt für alle heiß oder kalt zubereiteten Pasteten, Terrinen, Sülzen, Mousse, Parfaits, Eissorten, Cremen, Soufflés: Wenn man Formen mit einer Masse füllen will, die man gestürzt servieren möchte, so müssen diese Formen konische Wände haben, damit der Inhalt herausgleiten kann. Die Innenwände dieser Formen müssen zusätzlich noch eingefettet oder mit einer Folie ausgelegt werden, um das Herausgleiten ohne Beschädigung möglich zu machen. Gerne werden auch dünne Speckscheiben zum Auslegen der Form verwendet.

Formen mit Fett auskleiden

Geeignet für alle Zubereitungen, die mit Wärme gegart werden, ob im Wasserbad oder Backrohr: Man verwendet dafür Butter, Butterschmalz oder Margarine. Dabei ist es sehr wichtig, dass das Fett nur weich, aber keinesfalls flüssig ist. Wenn das Fett flüssig ist, ist der trennende Fettfilm zu dünn und sinkt zudem schon beim Füllen oder bei zunehmender Hitze zu schnell ab beziehungsweise er dringt in den Teig ein.
Vorgangsweise: Die Form bis oben hin einfetten, auch zum Beispiel den Kamin in der Gugelhupf-Form; besonders bei den Portionsförmchen auch den Rand sehr sorgfältig ausfetten, auch auf der Außenseite, weil der Teig oftmals etwas übergeht und sich sonst hier festbrennt. Damit die Trennschicht aus Fett noch etwas stärker und dadurch wirkungsvoller wird, bestreut man sie mit griffigem Mehl – das glatte Mehl ist dafür schon zu fein – oder mit geriebenen Nüssen, Weißbrotbröseln oder mit grobem Zucker bei süßen Inhalten. Dabei

alle Brösel, die nicht haften, wieder aus der Form schütten. Nun könnte man die Formen vor dem Füllen noch in den Kühlschrank stellen, damit die Fettschicht fest an der Form haftet und sich beim Einfüllen der Masse bestimmt nicht wegschieben lässt.

Formen mit Klarsichtfolie auskleiden

Diese Variante ist für alle Zubereitungen nützlich, die nicht gegart werden, zum Beispiel Gelatinemassen, Cremen, Eis, Terrinen oder ähnliches. Die Form wird dabei mit kaltem Wasser ausgespült oder mit Öl ausgepinselt, damit die dünne Folie schön dicht anliegt und dann auch noch leicht verschoben werden kann, insbesondere auch am Rand.

Die Folie sollte größer sein als die Form, damit sie auch alle Seiten bedeckt und über die eingefüllte Masse als Abschluss beziehungsweise zur Bedeckung eingeschlagen werden kann. Zunächst drückt man die Folie leicht mit den Fingern in die Form, anschließend füllt man kaltes Wasser hinein, damit glättet man die Folie und drückt überschüssige Luft heraus. Falten sind nicht so dramatisch, weil man sie kaum sieht, schlecht sind größere Luftblasen.

Folien in der Küche und das Garen in Folie

Man kann mageres Fleisch, mageren Fisch, Gemüse, aber auch Früchte in speziell dafür entwickelte Folien einpacken und ganz sanft und weitgehend oder ganz ohne Fett garen. Die verschiedensten Gemüsesorten können dem Fleisch oder dem Fisch in der Folie beigelegt und so gleich mitgekocht werden. Alles gart im eigenen Saft, Flüssigkeit muss keine, kann aber zugesetzt werden. Auch Vitamine, Mineralien und alle Nährstoffe werden außerordentlich geschont. Es gibt bei richtiger Behandlung keine Röststoffe, außerdem fast keine Küchendüfte. Als Nebeneffekt spart man sich das Reinigen von Pfannen und Töpfen und des Backrohrs.

Nicht geeignet zum Garen in Folie sind fettes Fleisch und fetter Fisch. Ein guter Geschmack kann sich hier durch das ausfließende Fett nicht entwickeln. Ebenfalls nicht geeignet sind Gemüsesorten, die zum Weichwerden zu lange brauchen, zum Beispiel Knollengemüse im Ganzen. Diese könnte man weitgehend vorkochen.

Bräunen des Garguts beim Garen in der Folie

Das Kochgut kann nur gedünstet werden: Auch wenn man es vorher in der Pfanne braun gebraten hat, entsteht keine Kruste. Bräunen kann man nur ohne Folie unter der Grillschlange.

Bräunen zum Beispiel von Geflügelhaut: Sie wird knusprig, wenn man das Geflügel 15 Minuten vor Garende dem Bratbeutel entnimmt, mit schwach gesalzenem Wasser, mit Honigwasser oder Orangensaft bestreicht und unter dem Grill bräunt.

Würzungen

Wichtig ist, beim Garen in der Folie nicht zu stark zu würzen, denn durch den Luftabschluss bleiben der Eigengeschmack, die frischen Farben und die wertvollen Inhaltsstoffe weitgehend erhalten.

Durch Zugabe von Flüssigkeiten wie Suppe, Wein, Wermut oder verschiedene Öle, Senfarten, asiatische Würzsaucen, Balsamico oder durch die Beigabe von Kräuterzweigen können immer wieder andere Nuancen im Geschmack gefunden werden.

Fische sollte man ziselieren, das heißt, die Haut alle 2 cm einschneiden, damit der Geschmack der Gewürze besser in das Fleisch eindringen und der Fisch gleichmäßiger garen kann.

Vorsicht beim Öffnen aller Folienpakete: Der entströmende Dampf ist sehr heiß!

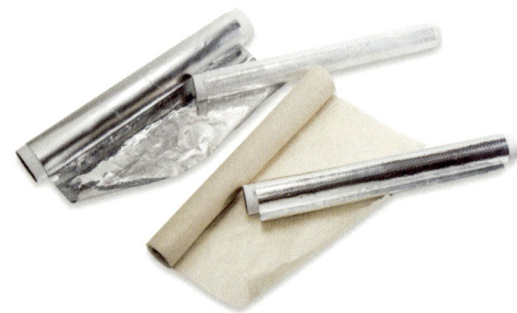

Kunststofffolien

Frischhaltefolie (Polyethylen, Polyvinylchlorid)

Unter dieser Bezeichnung versteht man eine dünne, durchsichtige Plastikfolie, die meist selbsthaftend ist. Sie ist in erster Linie als Verpackungsmaterial für Lebensmittel gedacht und kann maximal eine Hitze von 120 °C aushalten. Wird sie unter der Einwirkung von direkter Hitze wärmer, kann sie schmelzen. Sie haftet sehr gut und kann gut und luftdicht abdecken: zum Beispiel Schüsseln, Teller, Platten, abgekühlte Töpfe.

Sie kann relativ weit gedehnt werden, ohne zu reißen. Bei Hitzeeinwirkung kann sie sich zusammenziehen. Deshalb eignet sie sich für die Herstellung von Rouladen, die gedämpft werden, wie beispielsweise Serviettenknödel: Durch das Einwickeln in Haushaltsfolie und anschließendes Pochieren wird diese fester und hält besser zusammen. Die Rolle bekommt auch weniger leicht eine Delle.

Die Folie ist ideal zum Einbreiten in Formen, in denen sich zum Beispiel eine mit Gelatine versetzte Masse verfestigen soll, um dann anschließend sehr leicht aus der Form entfernt zu werden. Sie eignet sich sehr gut zum Auslegen von Behältern, die im Wasserbad oder über Wasserdampf garen sollen und hilft auch hier, dass die Masse sich leicht aus der Form löst.

Bratbeutel (Polyester)

Bratbeutel und Bratschläuche sind spezielle, bis 200 °C hitzebeständige Folien zur Verwendung im Backofen.

Aluminiumfolie

Alufolie besteht aus 99 Prozent Reinaluminium und wird in verschiedenen Stärken und Breiten angeboten. Die Folie hat eine matte und eine glänzende Seite, die beim Walzvorgang entstehen. Das maschinelle Aufrollen der Folie erfolgt so, dass die matte Seite innen ist. Das Einwickelgut liegt dadurch fast automatisch auf der matten Seite, was fürs Kühlen besser ist, denn die glänzende Oberfläche reflektiert Licht und Wärme besser als die matte. Geht es aber darum, eine Speise in Alufolie einzupacken, um sie länger warm zu halten, dann sollte die glänzende Seite der Folie nach innen gewendet werden, damit die Wärme der Speise zurückreflektiert wird.

Alufolie kann luftdicht abschließen, ist sehr leicht formbar, feuchtigkeitsbeständig und nimmt keinen Geruch oder Geschmack an und gibt auch nichts ab. Sie ist auch bei höchsten Temperaturen hitzebeständig, kann direkter Hitze ausgesetzt werden und nimmt sie gleichmäßig auf, das Gargut kann dadurch gleichmäßig garen.

Grundsätzlich können Lebensmittel auch sehr lange in Alufolie gelagert werden, ohne Schaden zu nehmen.

Auch Einfrieren verträgt sie gut. Allerdings muss man sie dann sehr sorgfältig behandeln, denn sie zerreißt leicht, bekommt also möglicherweise im Tiefkühler Löcher und ist dann nicht mehr dicht. Gefrierbrand kann entstehen.

Man kann Speisen in ihr auch ohne Fett sanft und schonend garen, beziehungsweise im eigenen Saft dünsten. Die Speisen sind dann leichter verdaulich und sehr aromatisch.

Man kann sie zum Abdecken von Back- und Bratgut, das nicht so schnell bräunen soll, im normalen Backofen verwenden, zum Beispiel für Torten oder Braten.

Flaschen und Gläser mit lichtempfindlichem Inhalt kann man mit dieser Folie umwickeln. Wichtig wäre dabei, dass man die Folie mit Klebeband gut befestigt, sodass beim Anfassen das Behältnis nicht herausrutscht. Auch auf das Beschriften nicht vergessen!

Man kann aus Alufolie auch selbst Formen fertigen oder Begrenzungen herstellen, zum Beispiel durch Aufbiegen der Folie auf einem Backblech, wenn die Teigmenge für das ganze Blech nicht reicht.

Eine mit Alufolie eingehüllte Masse, die pochiert wird, verliert die Farbe weniger als eine mit Klarsichtfolie umhüllte. Formen für Leberterrinen sollten deshalb zunächst mit Alufolie ausgelegt werden, weil die Leber in ihr ihre Farbe beim Pochieren nicht verändert. Wird sie in Klarsichtfolie gegeben, so wird die äußere Schicht schnell grau! Wenn man sie in Alufolie gehüllt hat, dann ist es sehr nützlich, sie darüber auch noch mit der Klarsichtfolie einzuhüllen, damit kein Wasser dazukommen und auch nichts ausrinnen kann.

Aufgepasst: In der Mikrowelle keine Alufolie verwenden, dadurch können Funkenflug und Gase entstehen. Ebenfalls ist davon abzuraten, Alufolie für das Einwickeln von Zwiebelresten oder angeschnittenem Zwiebel zu verwenden: Hier entsteht eine ungünstige Reaktion mit den Schwefelbestandteilen in der Zwiebel. Klarsichtfolie oder Kunststoffgefäße sind für diesen Zweck besser geeignet.

Garen in Alufolie

In der Regel wird man in der Alufolie nur kleinere Zubereitungen machen, für großen Braten oder Fische ist die Bratfolie besser geeignet, weil die Alufolie doch leichter beschädigt werden kann.

Auch für das Garen in der Alufolie gilt: das Gargut nicht zu stark würzen, um seinen Eigengeschmack nicht zu überdecken. Es kann weitgehend oder ganz ohne Fettzugabe gegart werden. Zugabe von Flüssigkeit ist nicht notwendig, kann aber erfolgen.

Grundsätzlich ist es wichtig, nur Zutaten miteinander zu garen, die auch die gleiche Garzeit haben; eventuell durch Zerkleinerung Anpassungen vornehmen. Allerdings entstehen keine Röststoffe und keine knusprige Krusten.

Ist die Alufolie sehr dünn, so kann man sie in zwei Schichten legen, damit das Gargut besser geschützt ist. Die Folie muss innen immer zuerst mit etwas Butter oder Öl eingestrichen werden, damit das Bratgut nicht anklebt. Sollte die Folie zu klein oder zu schmal sein, dann faltet man einfach so viele Teile aneinander, bis die passende Größe erreicht ist. Die Zusammenfaltungen sollten sorgfältig ausgeführt werden, damit die Folie abschließt.

Wichtig: Beim Garen die zwei Enden der Folie sorgfältig mehrmals schmal zusammenfalten, aber dem Gargut genug Platz zum Ausdehnen lassen, sie also nicht bis zum Gargut hin falten! Bei kleinem Gargut bis 2 cm Abstand zum Inhalt, bei großem 3 bis 5 cm Abstand lassen. An der Oberseite einige Luftlöcher für den Überdruck machen.

Die beiden Seiten links und rechts genauso sorgfältig einfalten und dann auch ein wenig aufbiegen, damit der kostbare Saft nicht ausrinnen kann. Auch hier etwas Platz lassen, damit sich das Gargut ausdehnen kann. Eine Fixierung der Faltungen ist nicht unbedingt notwendig, weil Aluminium gut hält. Man kann jedoch mit Büroklammern, Heftern, Garn oder Zahnstochern nachhelfen.

Bei kleinem, rundem Gargut wie zum Beispiel Äpfeln kann man auch die vier Zipfel des Folienblattes oben zusammendrehen.

Garen des mit Alufolie umhüllten Garguts

Garen in der Pfanne

Das vorbereitete Paket kann ohne Fett in einer normalen, unbeschichteten Metallpfanne gebraten werden. Beschichtungen und Emaille sind gegen zu starke Hitze empfindlich und könnten beschädigt werden. Heiß genug ist die Pfanne, wenn ein aufgespritzter Wassertropfen in Form eines Kügelchens davonläuft: nur auf einer Seite braten, nicht zu heiß und eher langsam, damit der Inhalt auch gut durchziehen kann. Theoretisch könnte man das gut verschlossene Alupaket auch direkt auf der Herdplatte garen.

Garen im Rohr

Auf dem Rost des vorgeheizten Backofens, damit auch von unten genug und rasch Wärme eindringen kann. Temperatur und Zeit wie im Rezept vorgegeben, ansonsten das Backrohr auf 200 °C vorheizen und zum Beispiel einen normalen, nicht zu großen Fisch, wenn er nicht direkt aus dem Kühlschrank kommt, etwa 25 Minuten garen und mindestens 10 Minuten im ungeöffneten Paket rasten lassen.

Über Dampf

Es gibt Töpfe mit passendem Dampfeinsatz oder man nimmt einen Dämpfeinsatz, der auseinanderklappbare Lamellen hat (siehe S. 120). Dazu braucht man dann noch einen passenden Topf mit einem gut schließenden Deckel. Ihn befüllt man dann mit Wasser bis auf die Höhe des Dämpfeinsatzes. Das vorbereitete Alupaket kann gleich oder ab dem Kochen des Wassers hineingegeben werden, die Garzeit ist je nach Inhalt meist kurz.

Dünsten

Zum Dünsten zum Beispiel eines größeren zimmerwarmen Fischs wäre ein ovaler Fischkochtopf ideal. Gut eingepackt und gewürzt 35 Minuten in wenig Wasser und wenig Hitze garen. Ein aufgelegter oder teilweise aufgelegter Deckel ist zweckmäßig. Es geht auch in einer Pfanne, dann legt man, wenn das Paket zu lang ist, es ein wenig gebogen ein.

Kochen

Das Paket in ungewürztes, kochendes Wasser schwimmend einlegen und sanft köcheln. Hier ist es natürlich wichtig, dass die Öffnungen verschlossen bleiben. Eine doppelte Lage der Alufolie wäre zu empfehlen.

Backpapier, Pergamentpapier

Zum Garen eignet sich auch Backpapier: speziell beschichtetes Papier, das man auf dem Backblech ausbreiten kann. In der Regel werden mit diesem Papier nur kleine Zubereitungen gemacht. Man nimmt für das Einwickeln des Garguts am besten das Papier von der Rolle, weil die schon zugeschnittenen Papierbögen möglicherweise zu klein sind.

Ist das Bratgut größer, faltet man auch Teile zusammen, wie bei der Alufolie beschrieben, nimmt aber eine zweite Lage, die man am besten querlegt und mit der ersten Lage mittels Einstreichen mit Öl oder Butterschmalz zusammenklebt.

Vorbereitung und Zubereitung sind gleich wie beim Garen mit der Alufolie. Der Garvorgang mit dem Backpapier geht schneller, wenn das Rohr und auch das Backblech oder der Rost, auf dem man das Paket gart, schon vorgeheizt sind. Bedenken muss man, dass die Faltungen nicht so wie bei der Alufolie von alleine halten. Hier braucht man immer Verschlusshilfen, zum Beispiel einen Hefter.

Diese Papiere kann man auch für die Mikrowelle hernehmen, dabei aber für die Fixierung der Faltung keine metallenen Heft- oder Büroklammern oder Rouladenspieße verwenden. Man verwendet Garn und näht zu oder nimmt stabilere Zahnstocher zum Zustecken.

Immer genug Platz für das Gargut lassen, auch das Backpapier bläht sich auf! Einige kleine Löcher an der Oberseite für den Überdruck einstechen.

Moderne Garmethoden

Dampfgaren

Das Garen im Dampf ist die schonendste und gesündeste Zubereitungsart für unsere Speisen: Gemüse, Obst, ganze Fische, mageres Fleisch, in Teig gehüllte Zubereitungen, Fisch- und Fleischscheiben können zu köstlichen Speisen zubereitet werden.

Wie funktioniert das Dampfgaren?

In einem gut schließenden Gefäß wird wenig Flüssigkeit erhitzt und das Gargut eingelegt, das von dem dabei entstehenden, feuchtheißen Dampf umströmt wird. Es sollte erhöht liegen, zum Beispiel auf einem Dämpfgitter. So kann es dann ohne Auslaugen kann bis zur gewünschten Festigkeit oder Weichheit garen und behält auf diese Art seinen natürlichen Eigengeschmack, die frische Farbe und weitgehend die wertvollen Inhaltsstoffe. Kalorien können eingespart werden, weil so zubereitete Speisen auch ohne Zugabe von Fett gut schmecken. Das Gargut bleibt saftig und aromatisch, weil es keine Flüssigkeit verliert. Ein weiterer Vorteil ist, dass der Sauerstoff entfernt wird und daher keine Oxidation mehr stattfinden kann: Die Speisen verfärben sich nicht. Es gibt mehrere Möglichkeiten, Essbares im Dampf zu garen.
Wichtig: Die Dampfflüssigkeit zu würzen hat wenig Sinn, weil der Dampf sie nicht mitnimmt und abgibt.

Normales Dampfgaren ohne Spezialdampftopf oder -gerät

Geeignet sind ein normaler, weiter Topf oder auch eine größere Pfanne mit einem schweren Deckel, zum Beispiel einem Glasdeckel, sowie ein Dämpf- oder

Siebeinsatz. Ein Fischdämpftopf in längsovaler Form ist auch eine sehr praktische Möglichkeit, um ganze Fische sanft zu garen. Diesen Fischdämpftopf könnte man, gut mit Zitrone gereinigt, auch als Dämpftopf für anderes verwenden, wenn man einmal zum Beispiel sehr viel Gemüse benötigt.

Dämpftopf

Es gibt zum Dämpfen zum Beispiel von Kartoffeln Töpfe mit gelochten Einsätzen. Sie kann man natürlich auch für anderes Gargut zum Dämpfen verwenden. Auch hier ist die Flüssigkeit nur bis zum Einsatz einzufüllen.
Dämpfstapeltöpfe aus Metall sind sehr praktisch, wenn man öfter und verschiedenes Gargut gleichzeitig dämpfen möchte.

Gemüsedämpfeinsatz

Sehr praktischer Siebeinsatz aus Metall, dessen Rand aufklappbar ist und der daher in alle Topfgrößen hineinpasst. In der Mitte hat er eine Griffschlinge, an der man ihn bequem und schnell mitsamt dem Gargut aus dem Topf heben kann.

Bambusdämpfeinsatz

Hat man einen Stapeldämpftopf oder Bambusdämpfeinsätze, so muss man einiges beachten:

Um Bambuseinsätze, die man nicht so reinigen kann wie normale Töpfe, vor Verschmutzung zu schützen, breitet man größere Gemüseblätter unter das Gargut: Spinat-, Chinakohl-, Mangold- oder Eissalatblätter, die man auch mitessen kann.

Immer aufpassen, dass der Dampf auch Platz hat zum Zirkulieren. Deshalb sollten die Einsätze nicht bis ganz oben angefüllt werden.

Stapelt man mehrere Einsätze übereinander, so sollte man bedenken, dass das Gargut von oben nach unten abtropfen kann und wie sich dann die einzelnen Geschmäcker zueinander verhalten. Also wird man die Speisen, die den meisten Geschmack entwickeln, eventuell ganz unten einreihen. Oder man legt das Gargut in kleine Gefäße, die den Saft sammeln.

Der oberste Einsatz benötigt eine längere Garzeit, weil er ja am weitesten vom Dampf entfernt ist und dieser dann nicht mehr so heiß ist. Daher gibt man in die oberen Etagen die Speisen, die am schnellsten fertig werden. Man kann die Einsätze dann auch früher entfernen.

Papier- und Alufolie

Das Gargut kann man auch zur Gänze oder gleich in Portionen einschlagen, etwa in Butterbrotpapier oder Alufolie: Es wird auf entsprechend große Quadrate geschlichtet und mit ein wenig Wasser oder Sauce beträufelt, damit sich innerhalb des Pakets auch Dampf entwickeln kann. Auch ein wenig Butter gibt einen guten Geschmack. Danach faltet man das Papier über dem Gargut gut zu, verschließt eventuell noch mit Heftklammern und gart im Dampf.

Wenn man keinen metallenen Siebeinsatz oder keinen Dämpfeinsatz aus Bambus hat, könnte man auch in einen Topf eine oder mehrere metallene Keksbackformen oder ähnliches einlegen und darauf einen Teller stellen. Das Gargut kann man dann auf diesen Teller schlichten. Zwischen Topf- und Tellerrand sollte noch so viel Platz sein, dass der Dampf ungehindert durchströmen kann.

Beim Nachlegen von Gargut sollte man darauf achten, dass man so wenig und so kurz wie möglich den Deckel lüftet, damit der Dampfkreislauf nicht zu oft unterbrochen wird. Beim Dämpfen immer wieder den Flüssigkeitsstand kontrollieren und den Deckel gut schließen. Die nachzufüllende Flüssigkeit muss kochend heiß sein.

Vorsicht: Dampf ist sehr heiß – Gesicht und Hände sind am meisten gefährdet. Brillen laufen sofort an.

Dampfgarer

Die komfortabelste, aber sicher auch die teuerste Möglichkeit ist die Anschaffung eines elektrischen Dampfgarers, der eingebaut wird. Günstiger sind Standgeräte, die man bei Nichtgebrauch im Schrank verstauen kann. Diese Geräte sind sehr vielseitig und praktisch.

Flüssigkeit zum Dampfgaren

Es sollte immer genug Flüssigkeit im Topf vorhanden sein, damit nichts anbrennen kann. Ist diese restlos verdampft, dann können sich die Speisen sehr wohl anlegen: Das Gefäß kann viel zu heiß werden, es kann sich verformen, sodass es nicht mehr plan aufliegt. Das Gargut wird durch den entstehenden Brandgeruch verdorben. Sehr wichtig ist daher eine sorgfältige Kontrolle der Flüssigkeitsmenge! Elektrische Dampfgarer sind mit einem Trockengehschutz ausgestattet, der das Gerät abschaltet, sollte die Flüssigkeit verdampft sein.

Die Vorbereitung des Garguts

Gemüse wird je nach Sorte immer in gleich große Stücke geschnitten: in Röschen, Stifte, Scheiben, Würfel oder in kleine Ovale. Festere Sorten werden in kleinere, weichere Sorten in größere Stücke geteilt, damit sie dadurch auch gleichzeitig fertig werden können. Hat man zum Beispiel einen ganzen Karfiol, so sollte der Strunk ziemlich weit so eingeschnitten werden, dass der Dampf guten Zutritt hat und daher ein gleichmäßiges Garen möglich wird.
Es wird in der Regel wenig gewürzt, um den Eigengeschmack zur Geltung kommen zu lassen. Eventuell reicht man eine Sauce dazu oder hebt den guten Geschmack durch ein wenig cremige oder braune Butter hervor.

Niedrigtemperaturgaren

Das ist eine vorzügliche Methode, um Fleisch mit wenig Hitze zu garen: Der Gewichtsverlust (rund 8 Prozent) fällt geringer aus als bei hohen Temperaturen (etwa 25 Prozent), und das Fleisch kommt sehr viel weicher auf den Tisch. Selbstverständlich spielt dabei auch die Qualität eine Rolle, aber auch festeres Fleisch wird damit ein besseres Ergebnis zeigen als nach der herkömmlichen Methode.

Es wird dabei sehr viel weicher und saftiger, weil die Hitze in den Zellen nicht so groß wird, sie daher nicht platzen und der Saft im Fleisch bleiben kann. Das Volumen bleibt erhalten.
Ein Begießen und eine Kontrolle des Bratens ist dabei nicht notwendig: Da die Temperatur niedrig ist, kann nichts anbrennen, das Gargut wird mehr oder

weniger warm gehalten, reift aber dennoch. Man kann den Bratvorgang auch unterbrechen und die Garzeiten ausdehnen, wenn zum Beispiel die Gäste später kommen als gedacht.

Alle Sorten von Fleisch sind bei dieser Zubereitung verwendbar, aber es sollte mindestens kleine Bratengröße haben, wobei frisches Fleisch schöner in der Farbe bleibt, jedoch etwas längere Zeit zum Garwerden braucht. Kleine Stücke oder Scheiben brät man besser in der Pfanne. Auch sehr abgehangene, mürbe Stücke könnten bei dieser Methode zu weich werden und zerfallen. Rehschlegel oder Hirschbraten eignen sich hingegen sehr gut fürs Niedrigtemperaturgaren. Trotz anfänglicher Unsicherheit kann dabei eigentlich nichts schiefgehen: Das Gargut kann nicht verderben, Fleisch nicht zerkochen, verbrennen oder verschmoren. Nur Mut zum Ausprobieren, ein Versuch lohnt sich!.

Die Nachteile bei dieser Methode: Man muss umlernen, es dauert viel länger als die herkömmliche Praxis. Planung ist vonnöten: Wann will ich fertig sein und wann sollte ich daher beginnen? Dabei muss man aber bedenken, dass es keine Rolle spielt, wenn es doch etwas länger dauert, bis die Gäste kommen: Man schaltet einfach auf 60 °C herunter. Bei dieser Temperatur wird das Fleisch nur mehr warm gehalten und gart nicht mehr. Durch die vorangegangene Hitze sind alle Bakterien abgetötet, so kann auch bei dieser Temperatur nichts passieren, es spielt also keine Rolle, wenn das Fleisch noch länger im Rohr bleibt. Eine Kruste kann allerdings bei dieser sanften Hitze nicht entstehen.

Eine Variante des Niedrigtemperaturgaren ist die sogenannte „Sous vide"-Methode, bei der das Gargut in einem speziellen Kunststoffbeutel im Wasserbad unter Luftabschluss gegart wird. Hierzu werden eigene Sous vide-Garer verwendet, die eine gleichmäßige Wassertemperatur gewährleisten.

Zubereitung mit der Niedrigtemperaturmethode

Wichtig ist dabei, nur Ober- und Unterhitze zu verwenden, Heißluft würde das Fleisch austrocknen. Das Fleischstück reichlich würzen. Wenn man es mag, auch mit Senf. Man nimmt dafür nur Dijon-Senf, denn dieser wird beim Erhitzen nicht bitter! Der Senf sollte mit festem Druck ins Fleisch einmassiert werden. Auch andere Gewürze können nach Geschmack zugegeben werden, jedoch keine Kräuter, denn diese verbrennen beim Anbraten durch die Hitze. **Vorsicht mit Salz:** Das Bratenstück am besten erst nach dem Anbraten salzen, damit der Fleischsaft im Fleisch bleiben kann.

Anbraten in der Pfanne

Hoch erhitzbares, neutrales Öl oder Butterschmalz in der Pfanne erhitzen und das Fleischstück von allen Seiten, das heißt auch am Rand, anbraten. Es muss gut brutzeln, darf aber nicht zu heiß sein, denn es sollte langsam bräunen und nicht zu dunkel werden. Also immer genug, aber nicht zu viel Hitze.

Sollte eine Fettschicht vorhanden sein, diese nicht wegschneiden, denn es ist ein ganz besonderer Geschmacksträger und kann immer noch zuletzt weggeschnitten werden. Mit dieser Seite zum Anbraten beginnen. Danach ist es am besten, wenn man mit den kurzen Seiten fortfährt, denn dann ist das Fleisch noch kalt und man kann es mit den Händen halten. Nie anstechen, sonst würde der kostbare Fleischsaft ausrinnen.

Anbraten im Backrohr

Diese Methode ist besonders für Geflügel wie Gans oder Ente geeignet. Sie dauert länger, man spart aber das Reinigen einer Pfanne und des Herds und gewinnt Zeit für anderes.
Das Rohr wird auf mindestens 220 °C Ober- und Unterhitze vorgeheizt, der Braten wird gewürzt eingeschoben und angebraten, bis er rundum schön braun ist, dieser Vorgang dauert etwa ½ bis 1 Stunde.
Anschließend folgt etwas Wichtiges: Das Backrohr muss auf 100 °C abkühlen. Dazu dreht man die Temperatur zurück und öffnet die Ofentür, der Braten kann im Backrohr verbleiben.

Dieses Anbraten kann auch schon am Vorabend oder mehrere Stunden vor dem Bratbeginn geschehen. Das Fleisch kann wieder abkühlen. Man sollte den Braten allerdings bei Zimmertemperatur aufbewahren. Kälte ist nicht empfehlenswert, dabei kann das Fleisch fest werden.

Nochmals: Niemals ein Fleischstück mit einer Gabel anstechen, denn dann tritt Saft aus. Bei fetthaltigem Geflügel wie Gans oder Ente wird die Haut nur deshalb angestochen, damit das Fett, das unter der Haut liegt, abrinnen kann.

Bratenthermometer

Mit einem solchen Thermometer kann die Temperatur des Bratens geprüft werden. Es wird nach dem Anbraten eingesteckt.

Das Einstechen ist nicht so einfach: Man sollte gut prüfen, wo die Mitte des Fleischstückes ist, es darf mit der Spitze nicht in ein Fett- oder Sehnenstück oder auf den Knochen treffen, denn diese haben eine andere Temperatur als das Fleisch. Fett und Sehnen werden heißer, Knochen bleiben kühler.

Es sollte immer so eingestochen werden, dass möglichst nichts mehr von der Nadel zu sehen ist, sonst könnte der nicht eingesteckte Teil die Hitze im Backofen mitanzeigen. Flache Bratenstücke werden von der Seite her oder schräg eingestochen. Würde man von oben einstechen, wäre der Braten nicht dick genug für die Länge des Fühlers.

Geflügel, zum Beispiel bei einer Gans, sticht man in der Mitte der höchsten Stelle des Brustfleischs ein.

Wichtig: möglichst nur einmal einstechen, damit nicht Fleischsaft unnötig verlorengeht.

Bratbeginn

Das Fleischstück in eine nicht zu große Form legen und in das auf 90 °C bis 100 °C vorgeheizte Rohr bei Ober- und Unterhitze auf der untersten Schiene einschieben. Wenn Kräuter mitgebraten werden sollen, dann legt man sie, am besten noch am Stängel, nach der halben Bratzeit neben das Gargut. Verteilt man sie gleich zu Beginn über den Braten, dann verbrennen die kleinen Blättchen und geben auch kein Aroma ab. Sie sollten neben dem Braten eine würzige Luft erzeugen, er sollte damit nur parfümiert werden.

Und nochmals: Es ist keinerlei Zugabe von Flüssigkeit während der gesamten Bratzeit nötig. Aber wenn man will, kann man auch übergießen oder Flüssigkeit in die Pfanne geben. Allerdings rinnt beim Begießen auch die Würze vom Fleisch.

Übersicht über die Kerntemperaturen

Das ist die Temperatur, die in der Mitte des Fleischstücks gemessen werden sollte und Auskunft gibt über den Garzustand des Fleischs:

50 °C	Das Fleisch ist noch roh und kühl
53 °C	halb durch, noch sehr blutig
55 °C	medium, sehr rosa
58 °C	zart rosa
60 °C bis 65 °C	durchgegart mit rosafarbenem Schimmer
70 °C	Das Fleisch ist durchgegart, Eiweiß stockt bei etwa 67 °C

Salmonellen zum Beispiel beginnen bei 70 °C abzusterben und brauchen dazu mindestens 5 Minuten lang diese Temperatur. Schweinefleisch und alle Geflügelarten sollten immer ganz durchgegart werden. Nicht so vorsichtig zu sein braucht man bei Rind- und Kalbfleisch.

Die Kerntemperatur bei Bratbeginn liegt bei etwa 27 °C, falls das Fleisch bei Zimmertemperatur gelagert wurde. Wenn sie 35 °C erreicht hat, und das geht relativ schnell, sollte der Prozess verlangsamt werden. Dazu wird die Temperatur zurückgedreht, denn je langsamer sie ansteigt, desto saftiger bleibt das Fleisch.

Zeitübersicht beim Niedrigtemperaturgaren

Voraussetzung: Der Braten ist angebraten.

Bei einem Braten von etwa 3 kg benötigt man für 55 °C Innentemperatur bei etwa 100 °C im Rohr, also sehr rosa gebraten, etwa 6 Stunden, bei 70 °C Innentemperatur zum Beispiel für Schweinefleisch etwa 7 Stunden.

1 bis 1½ kg Fleisch, bei 100 °C gegart, benötigt etwa 2 Stunden. Eine Gans, angebraten etwa ½ Stunde bei 200 °C im Rohr, danach bei 100 °C: Hier rechnet man pro kg etwa 1½ bis 2 Stunden.

Zeiteinteilung

Wenn um etwa 12 Uhr gegessen werden sollte: Wenn eine Einschaltautomatik vorhanden ist, stellt man sie auf 5 oder 6 Uhr in der Früh, vorausgesetzt der Braten ist angebraten, was ja am Vortag geschehen kann.

Man kann aber auch schon um Mitternacht beginnen, in der Früh dann unterbrechen und etwa um 10 oder 11 Uhr wieder weitermachen. Oder am Abend 3 bis 4 Stunden vorgaren und am nächsten Tag den Rest.

Für alle Unterbrechungen den Braten bei Zimmertemperatur aufbewahren.

Wenn der Braten zu schnell auf eine zu hohe Kerntemperatur kommt, so kann man die Ofentür öffnen, bis die Temperatur wieder stimmt.

Wenn der Braten zu früh fertig wird, oder die Gäste später kommen, hält man den Braten bei etwa 60 °C warm: Thermometer nicht herausziehen. Man nimmt den Braten heraus, lässt ihn abkühlen. Wenn das Backrohr auf 60 °C abgekühlt ist, gibt man den Braten wieder hinein.

Wenn man ihn servieren will, nimmt ihn bei 60 °C Braten kurz heraus, heizt das Rohr auf 100 °C auf und gibt den Braten zum Aufwärmen für kurze Zeit wieder hinein. Er gart dann nicht mehr weiter, bekommt aber außen herum noch etwas Wärme. Wenn er durchgebraten ist, so kann die Warmhaltetemperatur auch 70 °C betragen, er gart dann nicht mehr weiter, ist aber zum Anrichten auf heißen Tellern heiß genug.

Herausnehmen des Bratenthermometers

Das Bratenthermometer wird erst ganz zuletzt vor dem Aufschneiden herausgenommen, wenn das Fleisch im offenen, warmen Rohr ausgiebig, also mindestens 15 bis 25 Minuten gerastet hat. Dadurch entspannt es sich und der Saft verteilt sich wieder. Niemals das Bratenthermometer früher herausziehen: Durch dieses Loch würde Fleischsaft ausrinnen.

Das Fleisch kühlt im Rohr auch bei geöffneter Tür nicht sehr ab, vorsichtshalber kann man es auch mit Alufolie abdecken.

Roastbeef mit Gemüse zubereiten: Das Fleisch sollte dabei vorher nicht tiefgekühlt gewesen sein. Das Gemüse (möglichst mit gleicher Gardauer) nach Belieben zurichten und in gleich große Stücke teilen. Das Fleisch rundum würzen und in der Pfanne auf allen Seiten gut anbraten. Das Bratthermometer einstecken. Dann in einem passenden Bratgeschirr zusammen mit dem Gemüse in das vorgeheizte Rohr bei 90 bis 100 °C einschieben. Man gießt für das Gemüse noch etwas Weißwein oder Suppe zu und gart das Ganze etwa 45 bis 50 Minuten im Rohr, bis die Innentemperatur den Vorstellungen des Garzustandes entspricht, was vom Thermometer abzulesen ist.

Zuletzt nimmt man Gemüse und Fleisch heraus und verwendet den Saft für die Herstellung der Sauce. Als Verfeinerung kann man in Butter geschwenkten Rosmarin oder andere Kräuter dazugeben.

Knusprige Geflügelhaut nach dem Niedrigtemperaturgaren

Eine Gans wird beispielsweise bei Niedrigtemperatur fertig gegart. Danach kann sie dann bei Zimmertemperatur, auch für einige Stunden, aufbewahrt werden. Man zerteilt sie abgekühlt in Portionen, legt diese mit der Haut nach oben auf ein Blech, schiebt es in das auf 100 °C vorgeheizte Rohr und schaltet die Grillschlange ein. Der Abstand zur Grillschlange sollte möglichst groß sein, denn die Portionen sollten warm werden und die Haut dabei knusprig. Man kann sie zusätzlich auch mit Honigwasser bepinseln. So kann man natürlich auch mit anderem Geflügel verfahren.

Konservieren von Lebensmitteln

Die meisten Lebensmittel sind bei längerer Lagerung von Zerfallsprozessen bedroht, die sie ungenießbar machen. Der Abbau von organischen Substanzen ist ein natürlicher Prozess, der von Enzymen, Bakterien, Hefe- und Schimmelpilzen organisiert wird. Um diesen Vorgang zu verhindern, haben die Menschen schon seit jeher verschiedenste Methoden angewendet. Die wohl ältesten Verfahren sind das Trocknen (bei Fleisch und Brot) und das Räuchern, später auch das Einsalzen. Alle anderen Verfahren sind jünger, weil eben die Möglichkeiten sich früher nicht boten.

Will man Lebensmittel konservieren, so sind einige wichtige Regeln unbedingt zu beachten. Zu bedenken ist dabei, dass auch Konserviertes verderben kann!

Grundbedingungen für das Konservieren

Immer nur einwandfreie, frische Ware von bester Qualität zum Konservieren verwenden, das minimiert den Verlust und verspricht den größten Erfolg.

Unverzichtbar ist eine lückenlose Hygiene: Arbeitsplatz, Werkzeug und Töpfe müssen einwandfrei sauber sein. Tücher, wenn sie notwendig sind, sollten ohne Weichspüler gründlich ausgekocht und gut ausgespült sein. Genaues Einhalten von Koch- und Lagerzeiten ist genauso wichtig wie die Beschaffenheit der Aufbewahrungsorte im Hinblick auf Lichteinfall, Temperatur oder Feuchtigkeit.

Salz hat konservierende Eigenschaften, entzieht dem Gewebe Wasser und trocknet daher aus. Es hemmt das Wachstum von Bakterien.

Essig schafft ein saures Milieu, in dem Fäulnisbakterien keine Überlebenschance haben.

Öle und Fette oder Vakuum stellen einen Luftabschluss her, es kann kein Sauerstoff wirksam werden.

Für das Verderben von Lebensmitteln gibt es viele Ursachen, doch hauptsächlich sind Schimmelpilze die Urheber, die sich immer dort bilden, wo die Produkte feucht und verunreinigt sind. Die beste Abwehr ist rigorose Sauberkeit bei der Vor- und bei der Zubereitung. Auch bei der Aufbewahrung muss man sorgfältig auf die Erfordernisse der zu konservierenden Speisen eingehen.

Immer wieder sollten alle konservierten Vorräte kontrolliert werden, um eine Ansteckung auszuschließen. Alles, was verdorben ist oder auch nur so aussieht, unangenehm riecht, aufsteigende Luftblasen zeigt – also gärt – sich verfärbt oder schimmlig wird, oder einen gewölbten oder aufgegangenen Verschluss hat, sollte entsorgt werden, sonst besteht die Gefahr von Vergiftungen.

Trocknen von Lebensmitteln

Durch den Entzug der natürlichen Feuchtigkeit werden den Mikroorganismen die Wachstumsmöglichkeiten entzogen. Aber nicht nur Fleisch oder Brot, auch Kräuter, Obst und Gemüsestücke sind sehr gut geeignet, um getrocknet zu werden!
Obst und Gemüse zu trocknen ist die ideale Verarbeitungsmöglichkeit, wenn die eigene Ernte reich ausfällt.

Die Vorteile des Trocknens von Lebensmitteln

Durch das Trocknen konzentriert sich das Aroma. Eiweiß und Fett, alle Mineralstoffe und Kohlenhydrate bleiben durch den Wasserentzug konzentriert erhalten. Das getrocknete Obst hält sehr lange, braucht wenig Platz und ist sehr leicht.

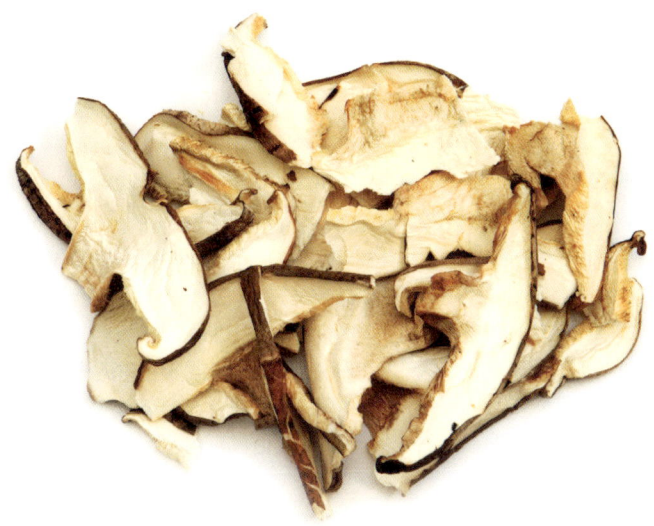

Die Nachteile des Trocknens von Lebensmitteln

Die Vitamine C und die Vitamine der B-Gruppe gehen größtenteils verloren. Mit Strom zu trocknen bedeutet Energieaufwand. Manchmal dauert das Trocknen sehr lange. Man muss den Vorgang überwachen und eingreifen, zum Beispiel das Trockengut mehrmals umwenden. Wer im Freien trocknet, sollte die Tabletts mit dem aufgelegten Trockengut vor dem Morgentau schützen.

Womit kann man Lebensmittel trocknen?

Ein Dörrapparat ist eine einfache Möglichkeit, um im Haushalt Lebensmittel zu trocknen.

Im Backofen bei etwa 45 bis 65 °C Heißluft kann man sehr gute Ergebnisse erzielen. Wenn man Ober/Unterhitze verwendet, sollte immer die Tür einen Spalt offen bleiben (Kochlöffel einstecken), damit die Feuchtigkeit entweichen kann.

An der Luft trocknen ist natürlich kostengünstiger, aber auch riskanter, wenn eine längere Regenzeit ansteht. Gut wäre warmes Wetter, ein trockener, regenfreier Balkon oder ein luftiger Dachboden, möglichst mit Durchzug. Ideal ist die Aufhängung des Trockenguts über einem holzbeheizten Ofen oder einer anderen Wärmequelle.

Vorbereitungen zum Trocknen von Obst oder Gemüse

Zuallererst kommt das Zerteilen des Trockenguts in gleich dicke Stücke. Diese nebeneinander und nicht übereinander legen und für eine Luftzufuhr von möglichst allen Seiten sorgen.

Erforderlich ist eine gleichmäßige Temperaturzufuhr von maximal 65 °C. Liegt sie höher, dann trocknet das Produkt außen zu schnell und kann innen nicht mehr gut durchtrocknen! Mit 5 bis 15 Stunden muss man allenfalls rechnen. Wann das Trockengut fertig ist: blättrig Geschnittenes und Kräuter sollten rascheln und knusprig sein, manche Gemüse werden aber nur ledrig.

Säuerungsbad

Damit kann die Farbe von weißem Gemüse und schnell braun werdendem Obst, das sich an der Luft leicht verfärbt, weitgehend erhalten werden: ½ bis 1 Teelöffel Zitronensäure oder den Saft von ½ bis 1 Zitrone und wenig Wasser auf 1 kg geschnittenes Gemüse oder Obst geben, alles gut vermischen und abtropfen lassen.

Honigbad

Für saures Obst zum Beispiel, damit es besser schmeckt: Man verdünnt dazu Honig mit etwas Wasser und legt die geschnittenen Stücke für etwa eine Stunde hinein.

Gemüse trocknen

Das Gemüse muss gereinigt und geputzt sein. Feste Sorten sollten blanchiert werden, damit sie die Farbe behalten und später leichter zu verkochen ist. Durch das Blanchieren werden auch Keime abgetötet. Eine gute und gleichmäßige Zerteilung erreicht die Brotmaschine oder ein Gemüseschneider. Alle hellen Gemüse, die leicht verfärben, wie zum Beispiel Auberginen, Karfiol oder Kürbisse, sollten zuerst in ein Säuerungsbad kommen.

Welche Gemüsearten
eignen sich gut zum Trocknen?

Saftreiches Gemüse ist ungeeignet, vieles andere muss mindestens einige Minuten blanchiert werden. Dadurch gart das Gemüse vor und anhaftende Keime werden abgetötet.

Tomaten werden nicht blanchiert, aber gehäutet, zerteilt, entkernt und mit der Außenseite nach unten aufgelegt.
Zucchini, Auberginen, Gurken und Kürbisse werden etwas dicker geschnitten und gut gewürzt getrocknet. Sie können so auch als Knabberei dienen.
Als saure Knabberei kann auch kurz blanchierter und dann getrockneter Rhabarber dienen.

Karotten, Sellerie, Petersilienwurzel, gelbe Rüben oder Pastinaken werden gleichmäßig fein geschnitten, kurz blanchiert und getrocknet. Porree oder Lauch wird ohne Blanchieren getrocknet. Bei weißem Gemüse sollte man vorher ein Säuerungsbad machen, um die Farbe zu stabilisieren. Auch Topinambur, Rohnen (Rote Bete), Stangensellerie, Okra, Pfefferoni, Chilischoten oder Kohlrabi können getrocknet werden. Fisolen müssen zuerst gut gekocht werden, weil sie sonst giftig sind.

Aufbewahrung von getrockneten Lebensmitteln

Das Trocknen erlaubt die Aufbewahrung auch über mehrere Jahre und kann zunächst in Stoff- oder Papiersäcken vorgenommen werden, damit die Restfeuchtigkeit noch entweichen kann.

Bei luftdichten Gläsern, die Duft und Aroma bewahren und vor Ungeziefer schützen, sollte man am Anfang der Lagerung sehr oft kontrollieren, ob sich an den Wänden Wasserbeschlag bildet. Dann ist noch zu viel Feuchtigkeit da, es muss nachgetrocknet werden. Übersieht man diese Feuchtigkeit, besteht die Gefahr, dass Schimmel entsteht.

Kräuter trocknen

Im eigenen Garten werden sie, wenn sie nicht sauber sind, am besten mit dem Schlauch vorsichtig am Morgen abgespritzt und gegen Mittag, wenn sie das meiste Aroma haben, gepflückt. Man trocknet sie langsam, zu Büscheln gebunden und aufgehängt, oder auf Siebe oder Tabletts gelegt, luftig und im Schatten. Bei den Büscheln zum Aufhängen verwendet man am besten einen Gummiring, denn die immer mehr austrocknenden Stängel rutschen sonst heraus.

Das Trocknen funktioniert auch im Dörrautomaten bei höchstens 45 °C, nicht höher, sonst werden Geschmacks- und wertvolle Inhaltsstoffe zerstört.

Kräuter zum Trocknen braucht man nicht zu zerschneiden, durch das Abrebeln der getrockneten Kräuter erübrigt sich das: Sie zerbrechen dabei. Die Stängel kann man noch zum Auskochen für einen Eintopf verwenden. Kauft man die Kräuter, wäscht man sie zu Hause und frischt sie, ein wenig gekürzt, wie einen Blumenstrauß ein. Bei Sonnenlicht

werden sie wieder frisch und trocken, worauf man sie entweder wie bereits beschrieben trocknet oder einfriert.

Getrocknete Kräuter am besten dunkel und nicht länger als höchstens 1 Jahr in einem luftdicht schließenden Glas aufbewahren, denn sie verlieren mehr und mehr an Aroma.

Obst trocknen, aber welches?

Äpfel werden geschält, das Kernhaus mit einem Ausstecher herausgestochen und dann mit der Brotmaschine oder dem Gemüseschneider in 5 mm breite Scheiben geteilt.

Pflaumen oder Zwetschken trocknet man vorzugsweise im Ganzen. Man drückt den Kern heraus. Hat man große Früchte, so kann man sie auch teilen und mit der Haut nach unten aufgelegt trocknen.

Marillen werden geteilt, entkernt und mit der Haut nach unten aufgelegt.

Birnen eignen sich nicht so gut, außer sie sind sehr aromatisch. Man schält und halbiert sie, entfernt das Kernhaus und gibt sie ins Säuerungsbad. Die Früchte für das weihnachtliche Kletzenbrot werden im Ganzen getrocknet.

Sauerkirschen und Kirschen können auch in der Sonne getrocknet werden. Da sie sehr saftig sind, sollte das Trocknen eher rasch gehen. Dazu teilt man sie am besten. Will man sie als ganze Frucht trocknen, sollte man die Kerne nach dem ersten Antrocknen herausdrücken.. Die gereinigten Kerne kann man in ein Säckchen füllen und als Wärmekissen verwenden. Man kann sie im Backofen oder in der Mikrowelle erhitzen.

Eine Ananas trocknen dauert sehr lange, ist aber möglich. Dazu sollten man sie in 5 mm dicke Scheiben schneiden.

Pfirsiche werden geschält und entsteint, in dünne Scheiben geschnitten, ein Säuerungsbad ist notwendig.

Erdbeeren halbieren, eventuell ein Honigbad anwenden.

Beeren zu trocknen ist schwierig: Die meisten Beeren sind zu weich und zu saftig. Am besten geeignet sind Heidelbeeren. Die meisten Beeren kann man auch einfrieren. Preiselbeeren sind zum Beispiel besser eingefroren.

Einlegen in konservierende Flüssigkeiten

Einlegen in Alkohol

Reiner Alkohol ist ein ausgezeichnetes Konservierungsmittel, weil in ihm nichts Zersetzendes überleben kann. Vor allem Rum, Weinbrand, Branntwein, Wodka, Himbeergeist oder Schnaps werden eingesetzt. Wichtig dabei ist, dass der Alkoholgehalt bei mindestens 45 Vol.-% liegt.

Früchte in Alkohol

Üblicherweise werden die geschälten und geteilten größeren Früchte oder die Beeren mit etwas Zucker und Vanillemark bestreut und so lange kühl stehen gelassen, bis sich der Zucker aufgelöst hat. Danach füllt man sie in sterile Gläser oder weithalsige Flaschen ab und füllt mit dem Alkohol auf. Die Luftblasen werden durch Schütteln, Aufklopfen und Warten vertrieben, die Gefäße verschlossen und an einem ruhigen Platz abgestellt. Man öffnet sie nicht vor einem halben Jahr.

Marinieren von getrockneten Weintrauben

Beliebt ist das Einweichen von Rosinen in Rum, aber auch in Gin ist das möglich, was fast noch interessanter schmeckt. Der strenge Wacholdergeschmack wird umgewandelt.

Rumtopf

Eine berühmte Methode ist das Einlegen von Obst in einen Rumtopf, der das
Jahr über gefüllt und zu Weihnachten geöffnet wird.

Dazu braucht man einen innen glasierten Rumtopf oder ein entsprechend
großes Glas, in dem die Früchte lichtgeschützt sind, damit sie möglichst wenig
Farbe verlieren. Sie sollten makellos und reif, aber nicht überreif sein.

Geeignet sind Früchte, die saftig, aber auch relativ fest sind, damit sie nicht
matschig werden und zerfallen. Sehr gut sind Erdbeeren, Kirschen, Sauerkirschen, alle sonstigen Arten von Beeren, Marillen, Pfirsiche, Zwetschken und
Pflaumen, Birnen oder Ananas.

Zum Einlegen werden die Früchte gesäubert, entstielt, geschält
oder gehäutet, große Früchte geviertelt oder halbiert.

So vorbereitet, vermischt man sie in einer Schüssel mit
dem Zucker. Man nimmt für einen scharfen, alko-
holbetonten Rumtopf für 1 kg vorbereitete Früchte
250 g Zucker, für einen eher süßen bis zu
400 g Zucker. Die Früchte mindestens
1 Stunde, besser über Nacht stehen
lassen. Vorbereitete Früchte in
den Topf füllen.

Die verschiedenen Früchte muss man nicht alle zur gleichen Zeit einlegen: Man legt ein, wenn man vorbereitete Früchte hat. Üblicherweise werden sie nach und nach eingelegt, je nachdem, wann sie Saison haben.

Immer mit reichlich Alkohol auffüllen, damit alle Früchte ausreichend bedeckt sind. Für 1 kg Obst braucht man ungefähr 1 Liter Alkohol mit mindestens 45 Vol.-%. Immer die gleiche Alkoholart dazugießen. Luftblasen sorgfältig durch Schütteln vertreiben!

Wenn nötig, mit einem sauberen kleinen Teller beschweren, damit nichts aufschwimmt und keine Frucht mit Sauerstoff in Berührung kommt. Das Gefäß mit Folie oder einem Deckel verschließen.

Wenn wieder Früchte reif sind, dann wie oben beschrieben verfahren und nach dem Einlegen der letzten Früchte noch mindestens 3 Monate ziehen lassen. Haltbar sind sie unbegrenzt, sie verlieren oder verändern aber mit der Zeit die Farbe. Diese so aromatisierten Früchte werden zu Eiscreme, trockenem Kuchen, Schmarren, Biskuit oder Pudding gereicht.

Kräuter in Alkohol

Kräuter werden verwendet, um aus einem normalen Tafelwein oder Weingeist eine Kräutermedizin oder einen Likör zu zaubern.

Lebensmittel mit Essig haltbar machen

Durch Abkochen und Einlegen von diversen Gemüsen, Knoblauch oder Pilzen in einen gewürzten Essigsud lassen sich diese hervorragend konservieren und bekommen auch noch einen guten Geschmack. Durch die Essigsäure, kombiniert mit Zucker, werden Gär- und Fäulnisbakterien sowie Schimmelpilze am Wachsen gehindert. Leider gehen einige der Inhaltstoffe, wie Vitamine und Mineralstoffe, durch die Säure verloren. Diese Essigkonserven haben einen recht niedrigen Energiewert. Außerdem werden sie zu Spezialitäten, die man meistens nicht kaufen kann.

Einlegen von Essiggemüse

Die gewaschenen Gläser entweder in kochendem Wasser 2 Minuten belassen oder mit höchster Temperatur in der Spülmaschine reinigen und verkehrt auf ein ausgekochtes Tuch stürzen.
Die Faustregel ist: 1 kg geputztes Einzulegendes, ½ Liter Apfelessig (6 % Säure), ½ Liter Wasser und Gewürze. Bewährt hat sich zum Einfüllen auch ein Trichter mit einer großen Ausflussöffnung. Den Rand mit einem ausgekochten, feuchten Tuch sorgfältig abwischen. Geöffnete Gläser im Kühlschrank aufbewahren.

Essiggurken

1 kg Gurken gründlich waschen und Stielansätze entfernen. In einem Gefäß 4 EL Salz mit soviel Wasser vermengen, dass die Gurken davon bedeckt sind. Über Nacht in der Salzlösung stehen lassen. Die Gurken am nächsten Tag abwaschen, abtropfen lassen und in sterilisierte Gläser schichten. Für den Essigsud 750 ml Essig, 750 ml Wasser, 350 g Zucker und 2 EL Salz aufkochen, bis sich der Zucker aufgelöst hat. Als Gewürze kann man Senfkörner, Pfefferkörner, Estragon oder Dill hinzugeben. Den heißen Essigsud bis knapp unter den Rand einfüllen, sofort verschließen. Die Gläser auf den Kopf stellen und auskühlen lassen. Mindestens einen Monat lang durchziehen lassen. Die Gurken halten so bis zu sechs Monate.

Lebensmittel in Öl einlegen

Öl bewirkt einen Luftabschluss und hält Sauerstoff ab. Grundbedingung ist, dass das Einlegegut hygienisch behandelt und essfertig gegart worden ist. Durch das Erhitzen wurden die Bakterien abgetötet. Diese Köstlichkeiten können gedünstet, in einer Marinade gekocht oder in Fett gebraten worden sein.

Man verwendet zum Einlegen in der Regel neutral schmeckendes Öl, man kann aber auch spezielle Öle, besonders kalt gepresste, verwenden, je nachdem, wie sie dazu passen. Das Öl aus geleerten Gläsern kann man noch gut für Salatmarinade verwenden. Zum Erhitzen sollte man dieses gebrauchte Öl nicht nehmen, denn zusammen mit Flüssigkeit würde es außerordentlich spritzen. Das Einlegegut sollte mindestens 1 ½ cm dick mit Öl bedeckt sein. Die Masse also nicht ins Glas pressen, nur sanft drücken. Abwechselnd mit dem Öl einfüllen. Das Glas mehrmals aufstoßen, damit keine Luftblasen zurückbleiben.

Lebensmittel kandieren

Hauptsächlich wird Obst kandiert, aber auch Gemüse wie Bohnen, Kürbisse oder Melonen. Durch das Kandieren erhalten die Lebensmittel eine natürliche Süße und können zur Dekoration verwendet oder verzehrt werden. Eine besondere Köstlichkeit sind Marrons glacés, die wunderbaren Esskastanien.

Sehr dekorativ sind beispielsweise Schmetterlinge aus kandierten Melonen oder Kürbissen und Herzen aus Rohnen oder Sterne aus Karotten, Zucchini oder Kohlrabi. Blüten aus kandierten Veilchen, Rosen oder Flieder schmücken jeden Teller.

Das Kandieren ist relativ leicht durchzuführen, erfordert aber viel Geduld, denn die zu kandierenden Stücke müssen so lange wieder und wieder in einer immer stärkeren Zuckerlösung eingelegt werden, bis sie glasig wirken. Das wird durch die sich steigernde Zuckerkonzentration erreicht: Die im Kandiergut vorhandene Flüssigkeit wird langsam gegen den Zucker ausgetauscht, Mikroorganismen können darin nicht mehr überleben. Wird mit zu starker Zuckerkonzentration begonnen, können die Stücke auskristallisieren und werden steinhart. Die Zuckerkonzentration muss im Innern von ganzen Früchten so hoch sein, dass die Haltbarkeit gewährleistet ist.

Am häufigsten werden kandierte Schalen von Zitrusfrüchten, nämlich Aranzini aus Orangenschalen oder Zitronat aus der speziellen Zitronatzitrone oder der Schale einer Bio-Zitrone für die Aromatisierung von Weihnachtsgebäck verwendet.

Tipp: Vor Weihnachten gibt es oft noch nicht die geeigneten Früchte, nämlich ungespritzt und mit dicker Schale, sodass man die glacierten Schalen der Zitrusfrüchte besser erst im Jänner oder Februar für die nächste Weihnachtsbäckerei herstellt. Meist hat man vor dem Fest sowieso viel zu wenig Zeit.

Möchte man sie aber lieber fertig kaufen, dann sollte man sich besser ganze, kandierte Früchte besorgen und diese selbst zerkleinern, was zwar mühsam ist, aber sich lohnt. Industriell zerkleinerte Ware ist sehr oft minderwertig, weil sie seifig, fade und sehr oft zu trocken schmeckt. Gute Produkte erkennt man an dem weißen, leicht krustigen Zuckerüberzug.

Hier ein Beispiel:

Bio-Orangen gründlich waschen, abschrubben und sorgfältig trocken reiben. Von beiden Enden jeweils eine Spitze abschneiden, damit die Orangen plan aufliegen. Die Schalen jetzt von einem Ende zum anderen, also von oben nach unten, so einritzen, dass vier gleichmäßige Teile entstehen.

Die Orangenschalenviertel dann vorsichtig zusammen mit der weißen Haut vom Fruchtfleisch lösen. Das Fruchtfleisch anderweitig verwenden oder direkt essen. Die Schalenviertel nun ganz nach Belieben längs oder quer in etwa streichholzdünne Streifen schneiden.

Diese Streifen nun in einen breiten Topf mit schwerem Boden geben und mit frischem kalten Wasser bedecken. Das Wasser zum Kochen bringen, dann sofort vom Herd nehmen, das Wasser abgießen und die Streifen noch zwei weitere Male mit kaltem Wasser bedecken, aufkochen und abgießen. Dieser Vorgang soll die Bitterstoffe entziehen. Die Schalenstreifen dann in einer kleinen Schüssel zur Seite stellen.

In einer anderen kleinen Schüssel den Zucker mit 150 ml Wasser verrühren und die Mischung dann in einen leeren Topf gießen. Das Zuckerwasser aufkochen und 5 Minuten lang leicht köcheln lassen, bis sich der Zucker vollständig aufgelöst hat.

Die Orangenschalen-Streifen jetzt in das Zuckerwasser geben und die Hitze soweit reduzieren, dass die Mischung die ganze Zeit ganz leicht simmert. Die Schalen sollten dabei mit dem Wasser bedeckt sein. Etwa 1 Stunde bei geschlossenem Deckel ganz sanft köcheln lassen, dabei nicht umrühren, sondern höchstens den Topf ganz leicht schwenken.

Nach Ende der Kochzeit die Schalen durch ein Sieb abgießen, den restlichen Sirup dabei auffangen. Viel mehr als 1 bis 2 Esslöffel dürfte nicht übrig bleiben – er schmeckt aber köstlich und man kann damit Tee oder Joghurt süßen.

Die kandierten Schalenstücke jetzt vorsichtig voneinander trennen und auf einem mit Backpapier ausgelegten Backblech nebeneinander ausbreiten. Mindestens 3 bis 4 Stunden, besser über Nacht offen trocknen lassen. Danach die noch leicht klebrigen Schalen in einer kleinen Schüssel in Zucker wälzen.

Kandiertes ist bei 15 bis 20 °C einige Monate haltbar, im Tiefkühler noch länger.

Konservierung in Gläsern

Pasteurisieren

Lebensmittel, meist Flüssigkeiten wie Milch und Fruchtsäfte, werden sehr kurz auf mindestens 60 °C bis maximal 100 °C erhitzt (hochpasteurisieren). Dabei werden die Enzyme inaktiviert und die vegetativen Zellen der Bakterien abgetötet, nicht jedoch die Bakteriensporen.

Diese Methode ist schonender als Sterilisieren. Die Milch wird dabei auch weniger verändert als beim Abkochen. Aber auch hier sterben Vitamine ab und Aromastoffe verändern sich. Pasteurisieren ist wegen der sich vermehrenden Keime und der langen Transportwege jedoch notwendig.

Sterilisieren

In Verbindung mit Lebensmitteln versteht man darunter das Entkeimen, also das Abtöten krankheitserregender und anderer Keime durch große Hitze über einen längeren Zeitraum. Es werden dabei Temperaturen von 160 bis 180 °C erreicht, die die Abtötung der Mikroorganismen und ihrer Sporen sowie eine Inaktivierung ihrer Enzyme bewirken.

Man kann diese Erhitzung aber auch im Backofen bei etwa 180 °C für 30 Minuten vornehmen, um zum Beispiel Gefäße für das Konservieren (Einkochen) vorzubereiten oder Fleischmaschinen von Bakterien zu befreien, wenn man zum Beispiel Beef Tatar zubereiten möchte. Auch Geschirr für kranke oder noch sehr empfindliche Babys und alte Menschen kann auf diese Art keimfrei gemacht werden.

Sterilisieren von Früchten in speziellen Einmachgläsern im Kochtopf

Wenn man zum Beispiel Früchte in Sirup oder in süßem Wasser einwecken will, geht man so vor: Die makellosen Früchte werden gereinigt und mit oder ohne Schale verwendet. Birnen zum Beispiel schält man, lässt aber den dekorativen Stängel dran. Marillen oder Zwetschken werden nicht geschält, aber in zwei Hälften geteilt. Man verwendet kernlose Trauben und Kirschen mit Kern, so wie das Rezept es verlangt. Zu empfehlen sind spezielle Einmachgläser mit Gummidichtung und Klammern oder Schwenkverschluss.

Grundrezept für Sirup zum Einwecken

Ein halber Liter Wasser, ein halber Liter Wein: eine gute, aber keine ganz besondere Sorte, jedenfalls kein Barrique-Wein, auch kein Rosé, sie wären zu speziell im Geschmack, weiß oder rot, wie es besser zu den Früchten passt. Man kann auch nur Wein oder nur Wasser für den Sirup nehmen. Dazu kommen 300 g Zucker und Gewürze wie Zimt, Nelken, geriebene Muskatnuss und 10 g Zitronensäure.

Süßsaurer Sirup zum Einwecken

1 Teil Weinessig, je nach Frucht weiß oder rot, mit 1 Teil Wasser vermischen. Reichlich Zucker, Zimt, geriebene Muskatnuss sowie einige Minzeblätter dazugeben. Kosten, kosten und nachwürzen!

Gläser füllen und sterilisieren

Die Früchte sauber in die sterilen Gläser füllen und mit dem heißen und recht würzigen Sud bedecken. Zu bedenken ist, dass die Früchte den Sudgeschmack aufnehmen und er ihn dadurch verliert. Deshalb den Sud kräftig abschmecken, aber auch nicht überwürzen, damit man noch die Früchte schmecken kann. Die Flüssigkeit sollte mindestens einen Finger breit über der Frucht stehen.

In einen sehr großen und weiten Topf, in dem diese speziellen Gläser Platz haben und der beträchtlich höher ist als sie, legt man auf den Boden ein doppelt gefaltetes Tuch.

Die gefüllten Gläser werden sehr sorgfältig mit einem ausgekochten Tuch abgewischt und mit dem Gummiring und der Klammer verschlossen. Anschließend so in den Topf stellen, dass zwischen sie ein doppelt gelegtes Tuch passt, um zu verhindern, dass sie aneinander stoßen. Damit das Wasser die Gläser beim Kochen nicht anhebt, die Gläser auf einen niedrigen Rost stellen.

Nun kommt warmes Wasser hinzu, bis die Gläser zu zwei Drittel im Wasser stehen. In den Topf hängt man nun ein Thermometer. Er wird zugedeckt und langsam erhitzt, bis eine Temperatur von 85 °C erreicht ist. Ab dann gilt es, diese Temperatur einige Zeit zu halten. Manche Früchte sind nach 30 Minuten fertig, manche erst nach 60 Minuten. Es kommt auf die Frucht an: Ist sie hart und eher groß, wie zum Beispiel ganze Birnen, so dauert es länger. Jedenfalls sind Rezepte in der Regel ausprobiert und daher verlässlich.

Nun nimmt man den Topf vom Herd und lässt alles abkühlen. Die Gläser dann auf ein trockenes Tuch stellen und mindestens 12 Stunden ruhig stehen lassen. Dann nimmt man, wenn man Klammern verwendet hat, diese ab und prüft mit dem Anheben des Glasdeckels, ob er hält.

Haltbarmachen von Früchten

„Marmelade" kommt von dem portugiesischem Wort „marmelo", das bedeutet „Quitte". Kochbücher aus dem 16. und 17. Jahrhundert enthalten Rezepte für die damals rund um das Mittelmeer so beliebte Quittenpaste, aus der dann durch Zugabe von anderen Früchten weitere „marmelos" entstanden. Vor dieser Zeit kennt man keine Rezepte für Fruchtpasten.

Einkauf von Obst

Das Obst für die Zubereitung von Marmelade sollte frisch, reif und unbeschädigt sein. Sind faule Stellen vorhanden, kann unter Umständen die Haltbarkeit der Marmelade in Gefahr sein. Einzelne kleine faulige Stellen sind sicher nicht von Bedeutung, wenn man sie großzügig ausschneidet. Wenn aber das Obst insgesamt an der Grenze zur Überreife ist, so ist Vorsicht geboten – besser nicht als Marmeladenvorrat verkochen!

Einkauf von Gemüse

Man kann für eingekochte, süße Aufstriche auch Gemüse beimischen. Geeignet dafür sind Sorten ohne starken Eigengeschmack, zum Beispiel Kürbisse, Zucchini, gehäutete und entkernte Tomaten, Melonen, Rohnen, Karotten oder Rhabarber. Weniger gut passen Lauch oder Knollensellerie. Wenn Gemüse beigemischt wird, sollte die Würzung auch ein wenig anders sein als bei den Aufstrichen nur aus Obst, damit die Andersartigkeit hervorgehoben werden kann. Hier würzt man in Richtung Chutney, also süß-sauer und scharf. Bei den Obstsorten sind – auch als Beimischung – diejenigen gefragt, die einen hohen Pektingehalt haben: Ribisel, unreife Äpfel, Quitten, Himbeeren oder Zitronen.

Verwendung von eingefrorenen Zutaten

Man kann auch eingefrorenes Obst oder Gemüse verwenden. Allerdings kann das Einfrieren den Pektingehalt verringern, und die Marmelade benötigt eventuell ein „Rettungsmittel" wie zum Beispiel eine Einsiedehilfe wie Pektin zum Gelieren. Das Einfrieren ist recht praktisch, wenn man mal keine Zeit hat oder wenn sehr viel einzukochen ist. Es ermöglicht, auch Sorten zu mischen, die nicht gleichzeitig reifen. Obst sollte vorbereitet eingefroren werden. Ansonsten geht man wie im Rezept empfohlen vor.

Vorbereitung der Zutaten

Zum Einkochen braucht man vorbereitetes Obst, nur dieses zählt beim Abwiegen. Kerne und feste Schalen werden vorher entfernt. Sind die Kerne eher klein, wie zum Beispiel bei Dirndln, Himbeeren oder Brombeeren, so kann man die Früchte durch ein Haarsieb oder, wenn sie größer sind, durch die Flotte Lotte passieren. Wenn die Marmelade mehr breiig sein soll, so könnte man die vorbereiteten Früchte schon vor dem Gelieren im Mixer pürieren, muss dann aber aufpassen: Brei legt sich schneller am Topfboden an. Soll es nicht ganz so fein werden, so kann auch der Pürierstab für eine teilweise Zerkleinerung sorgen. Wenn man lieber feste Stückchen in der Marmelade haben will, so schneidet man das Obst in größere Teile. Allerdings muss man damit rechnen, dass sich ein Gutteil davon doch zu Brei zerkocht. Die Stückchen sollten nicht zu groß sein, denn sie müssen durchkochen können, sonst werden die Mikroorganismen nicht abgetötet und verderben in der Folge die eingekochte Marmelade.

Kalt gerührte Früchte und Beeren

Früchte und Beeren kann man auch kalt zu Marmelade machen: Sie schmeckt sehr gut und natürlich, enthält alle Vitamine und Spurenelemente und ist auch ausgiebig. Die Früchte sollten reif und gesund sein, da man sie ja nicht erhitzt und dadurch konserviert. Vornehmlich verwendet man weiche Früchte wie Erdbeeren oder Preiselbeeren oder passierte Früchte wie Ribiseln, Marillen, Papaya oder Kiwi.

Zucker oder Honig nach Belieben gehen mit der Fruchtsäure durch langes Rühren eine eher dickliche Verbindung ein, die eine konservierende Wirkung entfaltet. So lange wie eine gekochte Marmelade sollte man sie nicht aufheben, aber einige Monate bei kühler und dunkler Lagerung, wenn man sauber gearbeitet hat, sind möglich.

Wenn das Obst sehr süß ist, kann man die Zuckerzugabe etwas reduzieren und noch etwas Zitronensäure dazugeben. Dadurch wird die Masse weniger süß und bekommt eine interessantere Note.

Preiselbeeren zum Beispiel sollten einem natürlichen Frost oder einem Tiefkühlerfrost ausgesetzt worden sein, sie schmecken dann viel besser. 1 kg Früchte gewaschen, aber getrocknet (abtupfen) rührt man mit ¾ bis 1 kg Kristallzucker oder 1 kg Honig je nach Süße der Frucht mindestens eine Stunde, jedenfalls so lange, bis sich der Zucker komplett aufgelöst hat. Es sollte eine dicklich zähe Masse entstehen. Am besten rührt man sie in der Küchenmaschine mit langsamer Geschwindigkeit und passt auf, dass die Maschine nicht heiß wird und die Masse erwärmt. Eventuell zwischendurch abschalten und auskühlen lassen. Das ist auch gut für die Beeren.

Man kann Gewürze wie Zimt, geriebene Zitronenschale, Zitronensaft, auch Pfeffer oder Ingwerpulver mit einrühren oder auch ein wenig Alkohol, zum Beispiel Gin für Preiselbeeren oder 60 ml Rotwein, Marillenlikör für Marillen dazugeben.

Dieses Mus wird kalt in sterile Gläser eingefüllt, der Rand sorgfältig gesäubert und mit Alkohol abgerieben, ebenso die Deckel der Gläser. Oder man gibt nach der sorgfältigen Reinigung des Rands auf das Mus Weingeist, zündet diesen an und setzt sofort den Deckel auf. Die Flamme verbraucht den Restsauerstoff und es entsteht ein Vakuum. Sauber gearbeitet, kühl und dunkel aufbewahrt hält es sich einige Monate.

Frische Marmelade ohne Zucker

Süße Früchte und Beeren geputzt tiefkühlen und bei Bedarf einige entnehmen. Auftauen lassen, mit dem Mixstab pürieren und mit Zimt, Zitronensaft, Muskatpulver oder Ingwer würzen. Dieses Mus sollte man innerhalb weniger Tage aufbrauchen. Man kann es auch kurz aufkochen, besser ist es jedoch, es frisch zu verzehren.

Marmelade aus Dörrobst

Sortenreine oder gemischte Ware wird im Rohr auf etwa 60 °C mit Heißluft und unter Zugabe von wenig Wasser angewärmt und dann faschiert. Anschließend kocht man die Masse unter Zugabe von Süßungsmitteln wie Zucker oder Honig nach Belieben und mit Gewürzen gut auf. Abschmecken kann man noch mit etwas passendem Alkohol.

Röster

Dafür nimmt man in der Regel nur bestimmtes Obst: Weichseln, Marillen oder Zwetschken: 1 kg entkernte, geputzte Früchte werden mit 300 g Zucker 24 Stunden kühl mariniert. Dann kocht man sie langsam und unter Rühren so lange auf, bis die Flüssigkeit fast ganz verdampft ist. Weil das lange dauert, ist ein beschichteter Topf, in dem es nicht so leicht anbrennt, sicher sehr hilfreich. Ein bekannter Röster ist zum Beispiel in Österreich der Zwetschkenröster zu Topfenknödel oder Kaiserschmarren.

Gekochte Marmelade

Um Marmelade herzustellen, braucht man neben Hitze und Zucker in den meisten Fällen Geliermittel als Hilfe.

Was geschieht beim Einkochen?

Wenn der Anteil des Zuckers mindestens 50 % ausmacht, so kann er die Entwicklung der Mikroorganismen mit Hilfe der Hitze aufhalten. Er bindet durch seine Löslichkeit den Fruchtsaft und schafft dadurch einen Zustand, in dem die Bakterien sich nicht mehr vermehren können. Der Zucker in den Marmeladenzubereitungen bewahrt auch Farbe und Aroma. Wenn nun noch das Pektin dazukommt, benötigt man weniger Zucker, und der flüssige Brei wird beim Abkühlen etwas fester und kompakter.

Was ist grundsätzlich beim Einkochen zu beachten?

Maße oder Mengenangaben in Rezepten gelten immer für die vorbereitete, also die geputzten, geschälten und entkernten Produkte.
Beeren mit Kernen wie Himbeeren, Brombeeren oder Ribiseln werden in der Regel nach dem Aufkochen durch ein feines Sieb passiert und danach nochmals aufgekocht, damit auch alle Bakterien vernichtet sind.
Wichtig ist, einwandfreie, nicht überreife und saisonale Früchte zu verwenden. Heimisches Obst hat den Vorteil kurzer Lieferwege, der auch dem Endprodukt

geschmacklich zugute kommt. Früchte nur schälen, wenn die Schale sehr hart ist und sich nicht zerkochen lässt.

Beim Abfüllen die Gläser auf ein nasses Tuch in eine Wanne, Tablett oder auf ein Backblech stellen, damit man nicht so viel zu reinigen hat, wenn einmal eines beim Einfüllen zerspringen sollte.

Am besten ist ein heller Topf, den man nur für das Einkochen verwendet, denn er muss sehr sauber sein. So vermeidet man andersartigen Geschmack und Geruch. Ganz besonders empfindlich reagiert der Fruchtbrei bei fettem Geschirr! Unbeschädigte, helle Emailtöpfe sind der Erfahrung nach am besten.

Der Topf sollte eher eine breite Öffnung haben, damit die Flüssigkeit schneller verdampfen kann und dadurch auch weniger lang gekocht werden muss. Gut ist auch, wenn er etwas höher ist – etwa 20 cm bei einem Durchmesser von 25 cm – so spritzt es weniger beim Kochen. Zum Rühren eignet sich am besten ein breiter und unten ebener Kunststoffkochlöffel, der sanft zum Topf ist, aber alles immer wieder wegrührt. Kochlöffel aus Holz nehmen die Marmeladenfarbe an und können auch nicht wirklich sauber gereinigt werden, weil Holz sehr porös ist. Sehr zweckmäßig ist auch ein Topfhandschuh.
Besser nicht mehr als 2 kg zugeputztes Material verarbeiten. Mehr lässt sich, besonders am Anfang, nicht mehr gut verrühren und umrühren.

Wichtig: die Mengen immer genau abwiegen. Sonst könnte das Ergebnis nicht gelieren!

Am besten eignen sich Schraubdeckel-Gläser (Twist-off), die man beizeiten sammeln kann oder im Handel erhältlich sind. Bei bereits verwendeten Gläsern die Deckel kontrollieren: Die leeren, gereinigten und geschlossenen Gläser sollte man nach einiger Zeit öffnen und gleich daran riechen, ob ihr Geruch für eine süße Marmelade geeignet ist. Riechen sie nach Fisch, Knoblauch, Essig oder nach anderem, kann man sie für süße Produkte nicht verwenden. Solche Deckel kann man eventuell für längere Zeit auf die Heizung oder in die Sonne legen, damit sie ihren Geruch verlieren, der sonst in die obere Marmeladenschicht eindringen würde. Auch wiederholtes Waschen in der Spülmaschine hilft. Bei gebrauchten Deckeln auf Verschlussrillen und Innenflächen achten: Sie sollten ohne Dellen, Verfärbungen, Rostflecken und Schmutzstellen sein. Genaues Kontrollieren nach dem Reinigen erspart so manchen Ärger! Die Größe der Gläser sollte sich nach dem Verbrauch richten. Meist ist es besser,

kleinere Gläser zu haben, damit man öfter eine neue Marmelade anbieten kann und die angebrochenen nicht so schnell verderben können. Kleine Mengen gelieren auch besser.

Wenn die Gläser und die Deckel in der Geschirrspülmaschine heiß gewaschen und innen nicht mehr berührt worden sind, sind sie geeignet zum Einfüllen. Möchte man bei der Sauberkeit ganz sichergehen, so könnte man die geöffneten Gläser im Backrohr bei 120 bis 140 °C etwa 10 Minuten erhitzen. Am besten ist, man bereitet ein nasses, gut ausgewrungenes, dunkles (wegen der Flecken) Handtuch in doppelter Lage vor und stellt die Gläser mit etwas Abstand (Platzbedarf beim Einfüllen) nebeneinander auf und legt jeweils dahinter die dazu passenden Deckel, damit der Abfüllvorgang schneller vonstattengeht. Sehr von Vorteil sind spezielle Trichter mit weiter Ausgussöffnung. So bleibt auch der Rand weitgehend sauber.

Reinigen der Twist-off-Deckel mit Alkohol: Die Innenseiten der Deckel sollten schon wegen der Rillen mit hochprozentigem Alkohol ausgeschwemmt und dadurch zusätzlich desinfiziert werden. Das geht so: In den ersten Deckel gibt man zum Beispiel etwas Kognak oder Rum, schwenkt ihn damit aus, sodass alle Stellen benetzt sind und gibt den Rest in den nächsten Deckel und so weiter.

Wenn das Glas mit der noch heißen Marmelade zugeschraubt wird und sie dann abkühlt, zieht sich der Inhalt zusammen und erzeugt dadurch zwischen Deckel und Masse ein Vakuum, welches den Deckel gut verschließt. Hat man dabei nicht sauber genug gearbeitet, so kann zwischen Deckel und Rand Luft eindringen und die Masse verderben. Manchmal werden zum Abkühlen die Gläser verkehrt herum abgestellt, was man machen kann, aber nicht muss.

Der Zucker zum Einkochen

Spezieller Einkochzucker enthält Kristallzucker, Apfelpektin und Zitronensäure, den Säureregulator Kaliumcitrat und das Konservierungsmittel Kaliumsorbat in einem ausgewogenen Verhältnis. In sehr geringer Menge auch gehärtetes, pflanzliches Fett.

Normal gilt: 1 kg normaler Haushaltszucker ohne Zusätze und ein Geliermittel in Pulverform oder flüssig oder ein pflanzliches kommen auf 1 kg geputzte Früchte. Das wird sehr süß. Die verschiedenen Geliermittel bekommt man in Reformhäusern, Drogeriemärkten und im Lebensmittelhandel.

Normaler Gelierzucker „1 zu 1": Das heißt: 1 kg bereits mit Geliermittel versetzter Zucker für 1 kg geputzte Früchte. Auch hier wird die Marmelade sehr süß. Ein spezielles Geliermittel ist nicht mehr notwendig.

Spezieller Gelierzucker „2 zu 1" oder „3 zu 1". Das heißt, dass man für 1 kg geputzte Früchte nur ½ kg Spezialgelierzucker benötigt, also 2 Teile Obst zu 1 Teil Zucker oder für 3 Teile Obst nur 1 Teil Zucker. Dabei wird die Marmelade nicht so süß, der Obstbrei geliert sehr gut mit dem zugesetzten Pektin, dem

Konservierungsstoff Sorbinsäure – ist gesundheitlich unbedenklich und wird im Körper wie die Fettsäuren abgebaut – und gehärteten pflanzlichen Fetten. Ist es dann beim Verzehr doch zu sauer, könnte man noch etwas nachsüßen. Diese Zuckersorten sind auch sehr gut für pikante Chutneys geeignet, die nicht süß sein sollen.

Der Früchtebrei muss genau nach Angabe auf der Packung gekocht werden. Wird er nicht lang genug gekocht, kann das Geliermittel nicht „tätig" werden. Die angegebene Kochzeit beginnt erst, wenn die Masse auch beim Rühren sprudelnd kocht. Kurze Zeit länger kochen ist möglich, weil auch manchmal Obststücke drin sind, die unbedingt auch innen die Kochtemperatur erreichen müssen, damit die Mikroorganismen keinen Schimmel und keine Gärung verursachen können. Aber nie zu lange kochen, nie länger als insgesamt 8 Minuten, weil die Gelierkraft abnehmen könnte.

Gelee aus Obst

Bei Gelee ist die Zubereitung aus Fruchtsaft und Zucker gleich wie für die Marmelade: Zuerst wird Fruchtsaft gekocht und anschließend mit Zucker und einer Einsiedehilfe laut Packungsangabe zum Andicken gebracht.

Pflanzliche Geliermittel

Agar-Agar

Agar-Agar stammt ursprünglich aus Japan und wird dort hauptsächlich aus Rotalgen hergestellt. Die Gelierkraft von Agar-Agar ist sehr stark, man benötigt nur wenige Gramm, die man 1 bis 2 Minuten aufkocht. Ein halber Teelöffel entspricht etwa vier Blatt handelsüblicher Gelatine. Es darf nicht zu lange kochen, denn sonst bindet es nicht mehr gut, daher sollte man die Packungsanweisungen genau befolgen. Die Bindung tritt erst ein, wenn seine Temperatur unter 40 °C gesunken ist. Der Geschmack ist völlig neutral. Weitere Geliermittel, die aus Rotalgen gewonnen werden, sind Carrageen und Furcellaran, die in der Lebensmittelindustrie Verwendung finden.

Pektin

Der wasserlösliche Gelierstoff ist ein pflanzliches Gewebe, ein Ballaststoff, der in manchen Früchten, besonders in den Zellwänden ihrer Schalen, vorkommt, ganz besonders dann, wenn die Früchte noch unreif sind. Er ist verantwortlich für das frische, pralle Aussehen der Früchte oder, wenn er abgebaut wird, für das Welken und dann das Faulen. Zu bedenken ist, dass sehr unreife und sehr reife Früchte wenig Gelierkraft haben. Sehr unreife Früchte müssen ihr Pektin erst aufbauen und je reifer die Früchte sind, desto mehr werden Pektine abgebaut, wodurch die Gelierfähigkeit verloren geht.

Aus dem bei der Fruchtsaftherstellung übriggebliebenen Presskuchen wird mittels eigenem Verfahren das weiße bis leicht gelblich-bräunliche Pektinpulver oder der Pektinsaft gewonnen. Chemisch gehören Pektine zu den Mehrfachzuckern, den Polysacchariden. Im Handel findet man hauptsächlich Apfel- und Zitronenpektine, die in flüssiger und pulverisierter Form angeboten werden: Sie werden Fruchtzubereitungen zugesetzt, die nur wenig Pektin enthalten und daher nicht selbstständig gelieren können. Mit Hilfe des Pektins verkürzt sich auch die Kochzeit von Marmeladen, Konfitüren und Gelees. So werden die darin enthaltenen Vitamine, Fermente und sonstige wertvolle Inhaltsstoffe sowie die Geschmacksstoffe weitgehend geschont und erhalten.

Pektin fördert die Haltbarkeit von eingekochten Fruchtzubereitungen wie Marmelade, Konfitüre, Fruchtsaft, Tortenguss und wird auch zur Herstellung von Puddingpulver und Speiseeis verwendet. Es erfordert den Zusatz einer ausreichenden Menge an Zucker und Säure, um gelieren zu können, eignet sich daher nicht für salzbetonte Speisen.

Manche Pflanzen und deren Früchte enthalten besonders viel Pektin, wie zum Beispiel unreife Äpfel, Johannis- und Preiselbeeren, Quitten, aber auch Zuckerrüben. Beim Einkochen dieser Früchte setzt man daher keine oder nur sehr geringe Mengen an Geliermitteln ein. Weniger Pektin enthalten Erdbeeren, süße Kirschen, Pfirsiche, Birnen, Ananas, Feigen oder Himbeeren.

Pektin wird der kalten Masse zugesetzt und mit aufgekocht. Beim Abkühlen entsteht das Gelee.

Pektin verträgt – nicht zu langes – Kochen: Auf keinen Fall sollte man mit Pektin versetzte Fruchtmassen länger als 8 Minuten kochen, weil dann die Gelierkraft durch die lang andauernde Hitze verloren geht. Pektin verträgt auch das Tiefkühlen!

Würzmittel für Marmelade

Marmelade aus Früchten muss ja nicht nur süß sein. Man kann versuchen, andere Zutaten oder Würzmittel beizumischen, damit der Geschmack noch interessanter wird. Wer der Sache nicht so ganz traut, könnte einen kleinen Teil abnehmen und einen Versuch zur Probe machen!

Wichtig ist: Keiner der Zusätze sollte vorschmecken, die Komposition aber soll geschmacklich überzeugen!

Eine Prise Salz: Süßes wird immer sehr gut ergänzt und zur Geltung gebracht durch Salz – wie auch umgekehrt.

Pfeffer: Er erzeugt eine ganz leichte Schärfe, man gibt ihn ja auch über rohe Erdbeeren.

Zimtpulver: Es verleiht Wärme, macht mollig und wirkt etwas weihnachtlich.

Vorsicht bei Nelkenpulver: Es kann schnell zu aufdringlich sein. Nur mäßig verwenden.

Vanille: Sie wirkt meist sehr angenehm und lieblich.

Zitronensäure oder Zitronensaft: Beides mildert ab, wenn es zu süß wird und hebt immer das Aroma!

Zesten von Orangen oder Zitronen, die man vorsorglich tiefgekühlt hat: Beim Abreiben aufpassen, nicht die weiße Schicht mitreiben, sie schmeckt bitter.

Saft und Zesten von Limetten: Sie sind herber und säuerlicher als Zitronenzesten.

Balsamico-Essig, das Zaubermittel: Er nimmt das unangenehm Süße und hinterlässt, vorsichtig dosiert, einen sehr guten und interessanten Geschmack. Sein Geheimnis ist, dass man ihn nicht deutlich herausschmeckt. Er ist auch eine Alternative zu Alkohol.

Backaromen: Sie sind gelegentlich ebenso eine sehr interessante Zutat. Diese konzentrierten Aromen in den kleinen Röhrchen gibt es in mehreren Geschmacksrichtungen wie Bittermandel, Orange, Zitrone oder Rum.

Alkohol als Geschmacksgeber für Marmelade

Vorsicht: Mischungen mit Alkohol sind nicht für Kinder und vor allem nicht für alkoholkranke Menschen geeignet. Alkohol kann allerdings den Geschmack verbessern und hervorheben, er soll aber auf gar keinen Fall vorherrschen. Man setzt ihn nach dem Fertigkochen zu, wobei der Alkoholgehalt bleibt, kann ihn aber auch dem kochenden Brei zufügen, wobei sich der Alkohol verflüchtigt, der Geschmack bleibt.

Brände und Liköre, die zu Marmeladen passen

- Rum und Weinbrand: passen zu fast allen Obstsorten;
- Orangenbrand /-likör oder Mandarinenlikör: ebenfalls sehr vielseitig einsetzbar, sie sind ein wenig lieblicher im Geschmack;
- Mandellikör: wenn es etwas herber sein soll;
- Williamsbrand: ideal bei Birnen;
- Ribisel-Likör: gehört zu Ribiseln;
- Portwein: passt zu Pflaumen;
- Sherry: für Feige und Rhabarber;
- Calvados: für Äpfel
- Himbeergeist: für Beeren.

Kräuter und Blüten als Zutaten

Diese werden gerne bei Gelees und Chutneys verwendet, passen aber auch zu Marmeladen: Zitronenmelisse, verschiedene Minzearten, Waldmeister, Rosmarin, Salbei, Lavendel- oder Hollerblüten.

Kräuter: Die Kräuter werden mit Stängel kurz gewaschen, gut trocken getupft und in eine Vase mit Wasser gestellt, um eingewässert zu trocknen. Die abgezupften und fein gehackten Blätter werden dann der gerade nicht mehr kochenden Marmelade zugesetzt und gut verrührt. Kräuter, die man verwendet, sollte man vor dem Schneiden 1 Minute blanchieren, damit sie die Farbe halten und steril werden!

Blüten: Man nimmt auf 1 kg Früchte 4 bis 5 große Holunderblüten. Die Holunderblüten werden zuerst in Alkohol (Weingeist 96 Vol.-% aus der Apotheke) einen halben Tag lang eingeweicht und dann zugesetzt.

Lavendel: Zweige in ganz wenig Wasser blanchieren, das Blanchier-Wasser reduzieren und zufügen.

Ingwer: verleiht neben dem interessanten Geschmack eine gewisse Schärfe;

Senfpulver, oder für mehr Geschmack geröstete und gemahlene Senfkörner;

Zitronengras: nach dem Mitkochen wieder entfernen.

gehackte Nüsse: nur ganz kurz mitkochen, damit sie keimfrei werden.

Ganz mutige Leute trauen sich auch über recht ungewöhnliche Marmeladenwürzungen, die dann oft schon in Richtung Chutney weisen: mit Knoblauch, klein gehackten Chilis oder – weniger Risiko: mit süßsaurem, flüssigem Chiliaroma aus der Flasche.

Abschäumen der Marmelade

Während des Marmeladekochens steigt Schaum nach oben. Er entsteht durch gelöste, aufsteigende Eiweißpartikel und Verunreinigungen. Auch enthält der Schaum Luft, die nicht in der Marmelade bleiben sollte: Sie könnte in größeren Mengen Schimmelbildung begünstigen. Mit einem flachen Löffel oder einem Schöpfer mit gerader Kante schiebt man den Schaum zusammen und hebt ihn heraus. Ist nur mehr sehr wenig Schaum vorhanden, so kann sich dieser auflösen, indem man an der Oberfläche sanft rührt.

Gelierprobe

Man gibt etwa 1 Esslöffel der zubereiteten Masse auf einen kalten Teller, sie kühlt darauf rasch ab: nun mit dem Finger prüfen, ob die Festigkeit passt.

Wird die Marmelade nicht oder zuwenig fest, kann das verschiedene Ursachen haben:
• Hat die Masse zu lange gekocht, ist die Gelierkraft nicht mehr ausreichend.
• Die Zutaten wurden nicht genau genug gemessen oder zusammengemischt.
• Manche Obstsorten enthalten zu wenig natürliches Pektin und brauchen daher mehr Geliermittel, zum Beispiel Erdbeeren, süße Kirschen, Pfirsiche, Birnen, Ananas, Feigen oder Himbeeren.
• Die Früchte könnten noch zu wenig reif oder zu reif gewesen sein – ihr Pektin war noch zu wenig entwickelt oder hat sich weitgehend abgebaut.

Rettungsmittel

Reduzieren: Wenn zu viel Wasser im Obst ist, so könnte man durch längeres, sanftes Köcheln vor der Zugabe von Geliermitteln einiges davon verdunsten, also reduzieren lassen. Leider gehen durch das längere Kochen aber auch Vitamine, wie zum Beispiel B1 und C, weitgehend verloren.
Zugabe von mehr Geliermittel: Man gibt noch etwas pektinhaltiges Geliermittel (als Pulver oder flüssig) zu.

Die Säuren für die Marmeladen

Sie dienen zur Geschmacksverbesserung, Erhaltung der Farbe und zur Konservierung.
Zitronensäure (E 330): Ist als Granulat und in flüssiger Form im Lebensmittelhandel erhältlich.
Apfelsäure (E 296): saurer als Wein- oder Zitronensäure.
Weinsäure (E 334): Das ist eine natürliche, organische Säure, die vor allem in Weintrauben, aber auch in anderen Früchten enthalten ist. Diese Säure wird aus den Rückständen der Weinbereitung gewonnen, es entstehen farb- und geruchlose Kristalle, die sauer schmecken. Weinsteinsäure ist Bestandteil der meisten Brausepulver und in sauren Bonbons und Backpulver enthalten und

wird zur Säuerung von Marmelade und Sirup verwendet. Erhältlich in Apotheken und ausgewählten Drogeriemärkten.

Ascorbinsäure (E 300): Sie ist keine Gelierhilfe und als Rettungsmittel für Marmeladengelierung zu schwach. Ascorbinsäure ist Vitamin C, das synthetisch hergestellt werden kann. Sie ist und schmeckt zitronensauer und kann damit so manche Speise würzen, jedoch als Einkochhilfe statt Zitronensaft oder Weinsteinsäure kann sie nicht verwendet werden. Man bekommt sie in Apotheken und Drogeriemärkten.

Einfüllen der Marmelade in Gläser

Gläser sollten immer bis etwa 5 mm unter den Rand gefüllt werden, um die eingeschlossene Luftmenge so klein wie möglich zu halten. Gewöhnlich schrumpft die Masse beim Abkühlen etwas und zieht auch so den Deckel ein wenig mit. Bei den meisten Rezepten steht: „Einfüllen und sofort verschließen." Das ist nicht unbedingt sofort nötig, auch gut warme Masse kann noch verschlossen werden, doch je kühler die Masse ist, desto weniger kann sie dann den Deckel noch anziehen. Notwendig ist dieses Anziehen nicht, aber eine zusätzliche Hilfe. Also, kurz gesagt: Keine Panik, wenn es mal nicht sofort geschehen kann, viel wichtiger ist das gründliche Reinigen und Ausspülen der Deckel mit Alkohol zur Desinfektion.

Der Tipp, die Gläser 10 bis 15 Minuten auf den Kopf stellen, soll bewirken, dass darin enthaltene Stückchen sich in dünner Marmelade oder in Mus beim Festwerden besser verteilen und beim Abkühlen nicht nur zum Boden hin absinken.

Aufbewahrung

Marmeladegläser sollten kühl und dunkel gelagert werden. Das Beschriften mit der Jahreszahl und Sorte nicht vergessen! Wenn die Marmelade mit der Zeit kristallisiert, hat das auf die Qualität keinen Einfluss, außer dass sie vielleicht als zu süß empfunden wird. Das Nachwürzen mit Zitronensaft kurz vor der Verwendung hilft.

Mögliche Ursachen für das Kristallisieren: Die Zuckermenge war zu hoch oder die Lagerung war zu kalt.

Entsaften

Grundsätzlich kann man alle Gemüse und Früchte entsaften, außer Fisolen, die ungekocht giftig sind. Karottenenden und Rhabarberblätter enthalten ebenfalls giftige Verbindungen. Kohlsaft wird innerhalb einiger Stunden ranzig und gärt. Auch Holunderbeeren sollte man roh nicht verzehren. Hier empfielt sich der Einsatz eines Dampfentsafters, durch das Erhitzen wird der giftige Bestandteil neutralisiert.

Frischsaft aus Früchte und Gemüse

Frisch hergestellte Säfte sind für den sofortigen Gebrauch bestimmt, denn sie oxidieren bei längerem Kontakt mit dem Luftsauerstoff.
Ein großer gesundheitlicher Nutzen von direkt gepressten Säften: Die Pflanzen stecken voller Vitamine, Mineralstoffe und anderer sehr gesunder Inhaltsstoffe,

welche aber im faserigen Zellulose-Ge-
webe eingeschlossen sind. Beim Entsaften von Gemüsen und Früchten werden
diese Verbindungen aufgebrochen und
die wertvollen Stoffe können besser aufgenommen werden. Bedenken sollte man
jedoch auch ihren hohen Fruchtzuckerge-
halt, deshalb am besten immer mit Wasser mischen! Auf jeden Fall nicht zu große Mengen an purem Fruchtsaft trinken,
denn dieser enthält viel Fruchtzucker und
Säure, was beim Gemüsesaft nicht der Fall
ist. Gemüsesaft ist basisch!

Zubereitung von frischem Saft

Alle Zutaten gründlich waschen und faulige Stellen großräumig ausschneiden.
Besser ist es jedoch, angefaultes Obst nicht zu verarbeiten!
Früchte, bei denen Wachs aufgetragen wurde, sollte man schälen. Alle Innen-
teile, die nicht zum Verzehr bestimmt sind, wie zum Beispiel Innenwände von
Paprikas oder Kerne von Tomaten entfernen.
Alle Teile klein schneiden, damit Entsafter oder Mixer nicht so viel Energie
brauchen. Der Entsafter sondert den Saft ab.
Hat man Früchte mit wenig eigenem Saft, kann man zum Beispiel Wasser, Mi-
neralwasser, Apfelsaft oder einen anderen, passenden Saft dazugeben.
Wenn der Saft fertig ist, so sollte man ihn sofort trinken, spätestens aber innerhalb von 30 Minuten! Die natürlichen Enzyme und der Sauerstoff der Luft
arbeiten rasch, die Nährstoffe und der Geschmack gehen sehr schnell verloren!
Ohne Konservierungsstoffe getrunken, ist das aber Natur pur mit allen ge-
sundheitlichen Vorteilen.

Entsaften mit dem Dampfentsafter

Ein Dampfentsafter besteht aus vier Teilen:
• einem Topf für das Kochwasser, das den benötigten Dampf liefert;
• darauf kommt der Saftsammelbehälter mit einem seitlichen Auslaufventil in Bodennähe, an dem ein angesteckter Schlauch und eine Klemme befestigt werden. Er hat eine Öffnung nach oben für den Dampf.
• Darauf kommt der Korb für die Früchte mit vielen kleinen Löchern, durch die der Dampf eindringen kann.
• Ein Deckel hält den Dampf im Topf.

In den untersten Topf füllt man nun Wasser ein und kocht es auf. Die weiteren Teile werden aufgesetzt, wobei die Früchte oder Beeren im obersten Topf nicht gemixt, geschält oder entsteint werden müssen, nur weitgehend abgerebelt, da die Stängel meist Gerbsäure enthalten.

Der Dampf dringt durch die Früchte, die Zellen zerplatzen und geben den Saft frei, der zunächst in den Saftsammelbehälter rinnt und sich nach dem Entfernen der Klammer in einem Behälter neben dem Topf sammeln kann. Den Fruchtbrei kann man noch umrühren und pressen, um noch den letzten Rest Saft zu gewinnen, der Rest kommt in den Abfall.

Den Saft kocht man anschließend mit Zucker laut Rezept noch einmal auf, um die nötige Hitze zum Sterilisieren zu erzeugen. Danach füllt man ihn in sterile Flaschen ab.

Sirup

Ein dickflüssiges Konzentrat aus Früchten oder aromatischen Pflanzen mit viel Zuckerzusatz, das ähnlich wie Marmelade gekocht wird, um einen sehr haltbaren Saft zu erhalten. Er wird in Flaschen abgefüllt und ist auch in geöffnetem Zustand sehr lange genießbar. Er kann unverdünnt zu Mixgetränken oder Mehlspeisen als Ergänzung oder als Zuckerersatz gereicht oder in Gelees verwendet werden. Mit Wasser oder Mineralwasser verdünnt, ist er ein wohlschmeckendes Getränk.

Alle Sirup-Arten müssen hoch erhitzt werden und haben dadurch nur mehr sehr wenig wertvolle Inhaltsstoffe.

Grundrezept für Sirup
mit Kräutern oder Blüten

3 Liter Wasser, 2 kg Zucker, 2 bis 3 unbehandelte Zitronen in Scheiben, 60 g Zitronensäure und
250 g frische Blüten: zum Beispiel Holler- oder
Löwenzahn, Jasmin, Nelken, Pfefferminz- oder
Melissenblätter, Fliederblüten ohne Stängel, Wald-
meisterblüten, frische, 2 bis 3 cm lange Tannen-
oder Fichtentriebe und vieles andere mehr.

Achtung: Nur die Hälfte verwenden bei Linden-
und Lavendelblüten oder Duftgeranien, weil sie so
stark im Geschmack sind.
Zucker und Wasser aufkochen und abkühlen.
Alle weiteren Zutaten werden untergemischt und
dann 5 Tage zugedeckt dunkel und kühl stehen
gelassen. Alles durch ein Tuch abseihen, kurz aufkochen und in sterilisierte Flaschen abfüllen.

Milchsäuregärung – milchsauer eingelegtes Gemüse

Die Milchsäure ist eine sogenannte physiologische Säure, die sowohl in unserem Körper als auch in unseren Lebensmitteln vorkommt.

Sie bewirkt eine eher kurzzeitige Konservierung, indem sie eine Umwandlung in gesundheitlich sehr positiv wirkende Produkte vornimmt. Eine besonders berühmte und geschätzte Zubereitung ist das Sauerkraut. Man könnte diese Art von Konservierung auch als Zubereitungsverfahren bezeichnen, denn viele Lebensmittel enthalten Milchsäurebakterien, besonders die aus Milch erzeugten: Butter oder Käse, aber auch zum Beispiel Salami oder bestimmte Fischkonserven. Die Haltbarkeit kann durch Luftabschluss, Sterilisieren oder Pasteurisieren in gewisser Weise verlängert werden, wobei jedoch durch das Erhitzen wieder wertvolle Inhaltsstoffe verloren gehen, die da sind: rechtsdrehende Milchsäure, Vitamin C (auf 100 g Sauerkraut 20 bis 30 mg), Vitamine der B-Gruppe, Cholin und Inosit, Kalium, Kalzium oder Eisen. Das Karotin als Vorstufe des Vitamin A bleibt weitgehend erhalten, in Bohnen und Erbsen noch zur Hälfte. Die Mineralien erhalten sich zur Gänze, ganz besonders aber sind sie zu finden im Saft der Produkte.

Vorteile des milchsauer vergorenen Gemüses

Die vielen Vorteile von milchsauer vergorenem Gemüse hat man wiederentdeckt, als man begann, auf gesunde und natürliche Ernährung zu achten. Aber auch hier gilt: kleine Mengen, aber dafür regelmäßig.

Die Vitamine und Mineralstoffe bleiben bei dieser Methode am besten erhalten. Das Eiweiß im Gemüse wird so verändert, dass es leichter verdaulich ist. Die für die Blähungserscheinungen bei Kohl- und Krautgemüse verantwortlichen Zellulose-Bestandteile werden so behandelt, dass Blähungen nur beim Verzehr von größeren Mengen und bei sehr empfindlichen Menschen auftreten.

Diese Methode stärkt die Abwehrkräfte des Organismus, gleicht zu viel, aber auch zu wenig Magensäure aus, schafft ein Gleichgewicht zwischen Säuren und Basen, begünstigt die Aufnahme von Eisen für die Blutbildung und regt die Bauchspeicheldrüse und den Verdauungsapparat an. Die abführende Wirkung des Sauergemüses wird auf das Zusammenwirken von verschiedenen Säuren und Salzen zurückgeführt.

Gärtopf

Es gibt sehr viele verschiedene und auch recht komfortable Töpfe und Geschirre, auch für den Familiengebrauch, die man in gut sortierten Geschäften oder in Reformhäusern angeboten bekommt.

Das Gemüse sollte für diese Art der Zubereitung ausgereift und einwandfrei sein und möglichst frisch verarbeitet werden. Sehr viele Gemüsesorten sind geeignet: Weißkraut, das zum berühmten Sauerkraut wird, Chinakohl, Blaukraut, Karotten, Zucchini, Gurken, junger Kohlrabi, Rohnen, Rüben, Zwiebeln, Sellerie, Lauch, Knoblauch, Kürbis, Paprika und vieles andere mehr.

Je größer und fester das Gemüse ist, desto feiner sollte es zerkleinert werden. Es kann auch im Ganzen vergoren werden, was jedoch viel Erfahrung und Zeit benötigt. Bekanntestes Beispiel dafür ist Kimchi, der scharf gewürzte koreanische Chinakohl.

Starthilfen für die Gärung

Die Beigabe von fertigem Sauerkrautsaft, Brottrunk, Molke, Butter- oder Sauermilch können die Gärung in Gang setzen.

Gewürze

Sie verbessern den Geschmack und verstärken auch die Haltbarkeit: Wichtigstes Gewürz ist das Salz. Es verleiht nicht nur einen guten Geschmack und ermöglicht die Umwandlung, sondern schützt das Gemüse vor dem Verderb, bis die Milchsäure sich genügend entwickelt hat und diese Tätigkeit übernehmen kann. Je besser der Luftabschluss, desto weniger Salz ist nötig.

Für 1 kg zugeputztes Gemüse braucht man 8 bis 15 g Salz.

Das Gemüse wird in Lagen in ein Gefäß gegeben, jede Lage wird gesalzen und gestampft, damit der Zellsaft austritt. Zusammen mit dem darin enthaltenen Zucker kann sich dann die Milchsäuregärung schneller entwickeln. Hefebakterien ernähren sich vorwiegend von Zucker und haben damit eine bessere Lebensgrundlage.

Kümmel wird gerne zugesetzt, weil er bei der Verdauung und auch gegen Blähungen hilft, er ist krampflösend im Magen- und Darmbereich und verhindert Völlegefühl.

Zucker sollte den Geschmack ein wenig abrunden. Daher gibt man auch ein wenig davon als Würze hinzu.

Weiter sind als Würzmittel möglich: Dill, Kren, Koriander, Pfefferkörner, Wacholderbeeren, Lorbeerblatt, Bohnenkraut, Oregano, Thymian, Knoblauch, Zwiebeln, ebenso säuerliche Apfelstücke.

Die Blätter von Himbeeren, Brombeeren, von Wein oder der Schwarzen Ribisel sind reich an natürlicher Milchsäure und geben ein interessantes Aroma.

Die Milchsäuregärung im Gemüse verläuft in zwei Phasen:

Zunächst tritt die Zersetzungsphase ein, bei der das Pflanzengewebe durch den Sauerstoffmangel erstickt und gleichzeitig eine spezielle Bakterienflora entsteht. In der Aufbauphase entwickeln sich dann neue Stoffe, wie zum Beispiel Vitamin B 12 oder bestimmte Enzyme. Die Dauer des Umwandlungsprozesses richtet sich nach der Art des zu behandelnden Gemüses. Es erhalten sich dabei aber alle ursprünglich vorhandenen Inhaltsstoffe des Gemüses, weil weder Hitze noch Kälte einwirken.

Erste Phase: Durch das Stampfen tritt nicht nur der Zell-Saft aus, sondern auch die Luft aus dem Gemüse. Zuerst entwickeln sich Essigsäure und viele Gase. Diese Phase sollte schnell in Gang kommen und darf nicht unterbrochen werden. Die Raumtemperatur sollte zwischen 18 und 22 °C haben, der Vorgang dauert etwa 2 Tage.

Zweite Phase (Aufbau- oder Säuerungsphase): Jetzt beginnen die Milchsäurebakterien zu entstehen und zu arbeiten. Da diese Phase nicht zu schnell ablaufen darf, sollte die Temperatur auf 15 bis 18 °C gesenkt werden. Die Säuerungsphase dauert 10 bis 14 Tage, in denen sich auch der Geschmack entwickeln kann. Ist diese Phase zu lange und die Umgebung zu warm, so bauen sich Zucker und Nährstoffe zu schnell ab, dadurch erhält man ein recht haltbares, aber sehr saures Produkt. Nach der Säuerungsphase wird dann das Gemüse auf 0 bis 10 °C abgekühlt, was man am besten mit einem Thermometer im Gärtopf kontrolliert. Diese Temperatur sollte 4 bis 6 Wochen andauern, denn die biologischen Prozesse brauchen Zeit.
Die Lagerung sollte bei 10 °C und im Dunkeln stattfinden.

Bei der Entnahme sollte man das Gefäß nicht allzu häufig öffnen: Daher entnimmt man zum Beispiel eine Wochenmenge und lagert sie in einem geschlossenen Gefäß im Kühlschrank. Außerdem sollte man die Menge in einer flachen Schicht abnehmen, damit keine Vertiefungen entstehen, und darauf achten, dass alles wieder mit Saft bedeckt ist.

Verderb

Durch Einwirkung von Sauerstoff kann sich an der Oberfläche ein weißgraues Häutchen bilden, das ist die Kahmhefe. Sie schmeckt sehr unangenehm. Ist sie entstanden, so kann man den Gärtopf noch retten, indem man sofort die oberste Schicht und den obersten Saft großzügig abschöpft und danach mit einer einprozentigen Salzlösung (1 Liter Wasser und 10 g Salz) auffüllt.

Der Kühlschrank

Durch Kühlschrank-Kühlung kann man den Zersetzungsprozess der verschiedensten Lebensmittel für kurze Zeit stoppen: Bei einer Temperatur von 0 °C bis 10 °C können biochemische Prozesse aufgehalten werden, das heißt Mikroorganismen und Enzyme wachsen langsamer. Über 10 °C können sie sich sehr rasch und massenhaft vermehren und das Nahrungsmittel dadurch schnell verderben.

In einem Kühlschrank gibt es unterschiedlich kalte Zonen: Der kälteste Platz ist immer im unteren Bereich, denn kalte Luft sinkt nach unten.

Wärmeempfindliches Kühlgut sollte so weit wie möglich unten eingelagert und, wenn man den Schrank häufig öffnen muss, nach dem Durchkühlen mit

Papier oder Folie geschützt werden. Die Kühltemperatur in einem normalen Gerät sollte zwischen 7 und 10 °C betragen, für Getränke sind 8 °C ideal.

Kälteempfindliches Kühlgut verstaut man am besten ganz oben oder in den Fächern der Türe.

Wenn in einem Rezept steht: 2 Stunden kühlen, so muss man diese Zeit meistens um einige Zeit verlängern, denn einen normal genützten Kühlschrank macht man viel zu oft auf und zu, sodass die benötigten 7 bis 10 °C meist weit überschritten werden.

Die „Ein-Grad-Fächer" oder „Null-Grad-Zonen" sind für viele Lebensmittel ganz besonders praktisch. Allerdings sollte man hier beachten, dass verschiedene Gemüse- oder Obstsorten diese Temperatur nicht vertragen: Sie verlieren weitgehend den Geschmack.

Nicht in das Null-Grad-Fach gehören: Ananas, Avocado, Banane, Cherimoya, Granatapfel, Guave, Mango, Melone, Olive, Papaya, Passionsfrucht oder Zitrusfrüchte; beim Gemüse: Aubergine, Fisolen, Gurke, Kartoffel, Kürbis, Paprika, Tomate, Zucchini.

Sehr gut geeignet für das Null-Grad-Fach sind alle Fleisch- und Fischsorten, Reste von Mahlzeiten, Milch und Milchprodukte aller Art, Kräuter, Kern- und Steinobst, Pilze, Wurst, Eier und auch Blattsalate, deren Haltbarkeit sich verdreifachen kann.

Tiefkühlen

Es bietet einige sehr wichtige Vorteile für die Aufbewahrung von Vorräten: Bestimmte Nahrungsmittel oder ein großer Vorrat können schonend bei mindestens -18 °C konserviert werden: Durch die schnelle Abkühlung weit unter den Gefrierpunkt werden die biochemischen, physikalischen, mikrobiologischen und enzymatischen Zersetzungen weitgehend gehemmt oder sehr verzögert. Durch rasches, richtiges Einfrieren können Vitamine, Mineralien oder Spurenelemente weitgehend erhalten bleiben. Der Gefrierprozess entwickelt sich von außen nach innen. Je schneller der Prozess voranschreitet, desto besser für das Gefriergut, denn dabei können nur kleine Eiskristalle entstehen.

Der Gefrierschrank

Es gibt die verschiedensten Modelle: Sie alle ermöglichen die Tiefkühlung im Haushalt. Die Auszeichnungen mit Sternen gibt an, welche Kühltemperaturen mit dem Gerät möglich sind. Bei Drei- oder Vier-Sterne-Geräten liegt sie bei mindestens –18 °C oder darunter (Vier-Sterne).

Zwei-Stern-Fächer entwickeln eine Temperatur bis zu –12 °C. In ihnen können tiefgefrorene Lebensmittel je nach Empfindlichkeit bis zu 10 Tage gelagert werden. Für eine längere Aufbewahrung entwickeln sie zu wenig Kälte und bilden größere Eiskristalle, die den Zellverbund zerstören. Speiseeis sollte man hier nur kurz einlagern.

Ein-Stern-Fächer haben eine Temperatur von –6 °C. Bereits gefrorene Lebensmittel können hier bis zu 3 Tage aufbewahrt werden, wobei sie dabei weitgehend an- bzw. auftauen. Auch hier können sich bei längerer Aufbewahrung große Eiskristalle bilden. Niemals sollte man hier Speiseeis lagern, Keime würden sich rasch bilden. Zu bedenken ist: In Ein-Grad-Fächern kann beim Lagern gefrorener Speisen Flüssigkeit entstehen. Daher sollte man diese in einem Gefäß oder einem zusätzlichen Foliensackerl aufbewahren.

Speiseeis ist ein Produkt, das eine unbedingte und ununterbrochene Kühlung von mindestens –18 °C benötigt, auch bis kurz vor dem Verzehr, da sich hier rasch Keime entwickeln könnten.

Nachteile des Tiefkühlens

Relativ viele Bakterienarten sterben beim Tiefkühlen nicht ab und vermehren sich ungemein rasch, wenn es ans Auftauen geht. Weder rohes Fleisch noch Gemüse noch sonstige Lebensmittel sind vor dem Einfrieren keimfrei. Das Auftauen ist also das Gefährliche an der Sache, denn im Tauwasser sitzen die Keime. Auf jeden Fall sollte man aufgetaute Speisen schon deshalb nicht mehr einfrieren, sondern schnellstens erhitzen und verbrauchen oder, wenn sie noch roh sind, zubereiten, dann ist auch das Einfrieren wieder möglich.

Aufgetaute, empfindliche und leicht verderbliche Ware sollte nicht wieder eingefroren werden, denn sie wird anfällig für mikrobiellen Verderb und erleidet Qualitätsverluste. Muss es dennoch einmal sein, sollte man mit größter Schnelligkeit und Sauberkeit arbeiten, damit man die Verkeimungsgefahr so klein wie möglich hält. Dazu gehört auch ein längeres Erhitzen vor dem Verzehr, damit entstandene Mikroben sicher abgetötet werden. Angetautes, also nur kurz aufgetautes Tiefkühlgut könnte man wieder zurück in den Schrank geben, wenn es sich nicht um sehr empfindliche Ware, wie zum Beispiel Speiseeis, Geflügel, Fleisch oder Fisch handelt. Allerdings soll der Auftaugrad wirklich nur gering sein.

Wiedereinfrieren

Darüber sind die Meinungen geteilt, aber es ist erwiesen, dass bei stark angetautem oder bereits aufgetautem Gefriergut der Verderb sehr viel rascher eintritt als bei frischen Nahrungsmitteln. Ganz besonders wichtig zu bedenken ist das bei Fisch, Fleisch und besonders bei Geflügel. Hier sollte man kein Risiko eingehen. Auf der anderen Seite kann man durchaus aufgetaute, aber noch rohe Lebensmittel verarbeiten und dann in diesem Zustand nochmals einfrieren.

Gefrierbrand

Wenn die Lagertemperaturen öfter wechseln oder die Verpackung beschädigt
ist oder zu dünn, so kann das zu Wasserverlusten an der Oberfläche des Gefrierguts führen, und der berüchtigte Gefrierbrand entsteht: eine weißgraue bis
bräunliche Verfärbung, die man besonders auf Fleisch beobachten kann. Gefrierbrand ist nicht gesundheitsschädlich oder -gefährdend, doch die Qualität,
der Geschmack und das intakte Aussehen sind nicht mehr gegeben. Wenn der
Gefrierbrand und damit die Austrocknung nicht zu stark sind, hilft das Wegschneiden der betroffenen Stellen.

Veränderungen des Gefrierguts durch das Einfrieren

Das Tiefgefrieren ist eine der schonendsten Konservierungsmöglichkeiten, jedoch auch hierbei entstehen Umwandlungen im Gefriergut:
Die Qualität des Eiweißes leidet etwas, es kann jedoch unter Umständen besser
verdaut werden. Eisen wird aus seinen Verbindungen gelöst und kann dadurch
aufgenommen werden.

Eiskristall-Bildung und ihre Vermeidung

Die Feuchtigkeit im Kühlgut wandelt sich beim Tiefgefrieren in Kristalle um:
Kleine Kristalle, die erwünscht sind, entstehen, wenn das Einfrieren schnell
geht. Große Kristalle entstehen durch langsames Einfrieren oder durch oftma-
ligen Wechsel der Lagertemperatur. Sie sprengen die Zellstrukturen, bedeuten
einen großen Flüssigkeitsverlust und dadurch Austrocknung. Manche Produkte zerfallen dadurch, zum Beispiel saftige Früchte.

Vermeiden kann man die Eiskristall-Bildung, wenn das Gefriergut rasch auf mindestens -18°C oder besser noch tiefer abgekühlt werden kann und dann die Kühltemperatur konstant mindestens -18 °C beträgt. Schnelles Auftauen ist eine weitere Möglichkeit, die Zellstruktur zu sprengen, weswegen zum Beispiel bei empfindlichem Gut wie Fleisch, Fisch oder Meeresfrüchten langsames Auftauen im Kühlschrank empfohlen wird. Wichtig ist natürlich eine ununterbrochene Kühlkette beim Transport der Produkte bis in die Handelsregale und von dort im Einkaufskorb nach Hause.

Auf- oder angetaute Tiefkühlware erkennen

Das ist nicht leicht oder fast sogar unmöglich. Am einfachsten ist es noch bei Gemüse, das, wie etwa Erbsen oder Schnittbohnen, geschüttelt werden kann. Kleben sie zusammen, geben also keinen Laut mehr von sich, so sind sie schon zusammengefroren, waren also schon einmal etwas zu warm.

Beim Auspacken der Ware kann man an einer Eiskruste oder an einem Wassereisblock erkennen, dass es auch hier zu warm geworden ist. Auch die Kontrolle von schüttelbaren Gemüsen in der Umgebung des gewählten Produkts gibt einen Anhaltspunkt.

Was sollte man nicht einfrieren?

- Alle rohen Gemüsesorten: Die Mikroorganismen und die Enzyme zerstören die Zellstruktur, die Farbe verändert sich. Gemüse immer blanchieren!
- Zartes Blattgemüse wie Salate fallen ganz zusammen.
- Rohe Kartoffeln und Kartoffelsalat – gekochte Kartoffeln werden ganz weich.
- Ganze, ungeschälte Tomaten, denn sie platzen.
- Ganze Eier, roh oder gekocht, die Schale würde platzen. Nur bei gekochten, geschälten Eier ist Einfrieren möglich. Gekochtes Eiweiß wird allerdings glasig und lasch.
- Eischnee
- Gebäck mit einem hohen Bestandteil von geschlagenem Eiweiß oder Baiser wird zäh und pappig.
- Rohes Obst wie Äpfel, Birnen, Pfirsiche, Avocados, Mangos, Weintrauben oder Bananen.
- Radieschen, Rettich und Knoblauchzehen, weil sie unangenehm zu riechen beginnen und die Festigkeit nicht halten können. Gut einfrieren kann man dagegen Knoblauchpaste.
- Joghurt, Buttermilch, Sauermilch: Sie zersetzen sich.
- Bei Speisen mit Gelatine oder Speisestärke löst sich die Bindung auf.
- Speisen im Ausbackteig bekommen eine lasche Oberfläche.
- Kochbeutelgerichte, weil Kochbeutel beim Auftauen durch den entstehenden Wasserdampf platzen könnten – außer sie sind besonders gekennzeichnet.
- Mayonnaise oder Eiersaucen zersetzen sich.
- Hefeteig und fettarme Teige werden sehr trocken.
- Zuckerguss, Kuvertüre und andere Verzierungen: besser erst nach dem Auftauen darauf geben.
- Saftige Früchte können nicht eingefroren werden, denn sie würden beim Auftauen zerfallen: Die im Saft entstehenden, sich ausdehnenden Eiskristalle zersprengen den Zellverbund.
- Keine sehr salzhaltigen Lebensmittel einfrieren, denn Salz verkürzt die Lagerzeit und macht weich.
- Vorsicht bei Gewürzen: Sie können durch die extreme Kälte ihren Geschmack verlieren oder verändern.

Vorbereitungen zum Tiefkühlen von Lebensmitteln

Zu bedenken ist, dass sich Gefriergut immer noch ein wenig ausdehnt – die Zellzwischenräume werden größer, die Zellen selbst schrumpfen infolge des Wasserverlustes – und man daher starre Behälter nicht randvoll anfüllen sollte. Der Deckel würde sich abgeheben.

Alles Gefriergut muss in lebensmittelgeeigneten, geruchfreien Behältern, Folien oder Gefrierbeuteln luftdicht verpackt sein, weil es sonst austrocknet und Gefrierbrand entstehen kann.

Fetthaltige Lebensmittel können durch Luft in der Verpackung noch schneller ranzig werden.

Am besten ist es, Lebensmittel in rasch aufzutauende, handliche Portionen abzupacken: Besser in mehrere kleine, als in eine große Portion, die schwer zu zerteilen ist. Je geringer oder flacher abgepackt die Menge des neu einzufrierenden Tiefkühlguts ist, desto schneller geht der Gefrierprozess und umso mehr bleibt die Qualität erhalten und umso schonender kann aufgetaut werden.

Bei Scheiben und kleinen Stücken, die man nicht einzeln einfrieren möchte, kann man zum leichteren Trennen Stücke von Backpapier oder Folie dazwischen legen.

Nicht zu große Mengen auf einmal in den Tiefkühler geben, damit die Temperatur im Gerät sich nicht zu sehr verändert. Eventuell mit der Funktion „Superfrost", falls möglich, vorkühlen. Helfen kann auch eine Vorkühlung im Kühlschrank. Auch das Nach-und-nach-Hineingeben erleichtert ein schnelleres Tiefkühlen.

Die Tiefkühl-Pakete sollten unbedingt mit Beschriftungen versehen werden, wenn sie noch warm sind. Sind sie gefroren, halten die Etiketten und Klebestreifen nicht oder nur schlecht.

Am besten, man schreibt mit einem Permanent-Marker gleich auf die Folie oder benützt spezielle Etiketten, die sich nicht von den Paketen lösen können.

Angaben auf der Beschriftung
• Datum des Einfrierens;
• Zahl der Portionen: zum Beispiel 3P = 3 Portionen;
• Bezeichnung des Inhalts;
• Zustand des Inhalts: gekocht oder roh (zum Beispiel bei Knödeln, gefüllten Paprikaschoten und ähnlichem);
• Eventuell: woher das Grundprodukt stammt.

Tipps zum Einfrieren

Frischware: Am sichersten ist es, frische, unbehandelte Produkte einzufrieren, denn wenn es im Tiefkühler einmal, aus welchem Grund auch immer, zu warm wird, alles an- oder auftaut, so kann man noch eine Zubereitung der Waren vornehmen, und dann nochmals einfrieren. Ist jedoch das Tiefkühlgut schon gekocht, so kann man es nur mehr verzehren, eventuell Freunde zu einem „Tiefkühl-Auftaufest" einladen oder alles wegwerfen.

Convenience: Neue Packungen möglichst so im Tiefkühler einschlichten, dass die schon eingefrorenen Pakete durch die Berührung nicht wieder antauen.

Portionierte Lebensmittel: Beeren und kleine Teile aller Art, wie zum Beispiel Laibchen, Fleischscheiben, blanchierte Gemüseteile oder Obststücke für einen Kuchenbelag: Mit einer Frischhaltefolie abgedeckt für wenige Stunden auf einem Tablett lose einfrieren und erst dann in einen beschrifteten Behälter umfüllen. So ist auch die Entnahme in kleinen Portionen praktischer, weil die Teile nicht zum Block zusammenfrieren.

Kräuter braucht man nicht zu schneiden: Man zupft alle Blättchen von den Stängeln und gibt diese in ein Foliensäckchen und in den Tiefkühler. Wenn sie gefroren sind, kann man sie durch Schütteln oder mit dem Nudelholz wunderbar zerkleinern.

Knödelfüllungen, die man schon vorgegart hat, sind weich und „wehren" sich gerne gegen das Umhüllen mit einem Teig. Wenn sie leicht angefroren sind, haben sie schon etwas „Charakter" und das Umhüllen geht viel leichter! Tiefgefrorene Knödel vor dem Kochen etwas antauen und auch länger ziehen lassen, damit es auch im Knödelinneren wirklich heiß wird.

Zwiebel: Eine größere Menge geschnittenen Zwiebel oder Schalotten nach Wunsch braten und in handlichen Portionen einfrieren. Das erspart viel Zeit, wenn man wieder gebratene Zwiebel braucht.

Lagerzeit ohne besondere Qualtätseinbußen

Brot, Kleingebäck, Weißbrot, Kuchen	höchstens 6 bis 8 Monate, weil alles sehr leicht austrocknet
Butter	8 Monate
Ei, gekocht und geschält	10 Monate
Eiscreme	6 Monate
Fetthaltige Speisen	nicht länger als max. 1 bis 2 Monate, werden sehr schnell ranzig
Fisch	4 bis 8 Monate
Fleisch	6 bis 12 Monate
Obst	12 bis 24 Monate, verfärbt sich bei längerer Lagerung
Gemüse	15 bis 20 Monate
Geflügel (ausgenommen)	12 Monate
Rahm	6 Monate
Säfte	8 bis 10 Monate

Auftauen

An- und auftauen sollte man immer in einem Behälter oder einer anderen Hülle wegen der entstehenden Abtauflüssigkeit.

Angetautes Gefriergut ist in der Randzone schon weitgehend weich, im Kern aber noch ziemlich fest. Es lässt sich in diesem Zustand besonders gut sehr dünn schneiden, was man für Carpaccio, das sind sehr dünne, rohe Fleischscheiben, sehr gut nutzen kann.

Aufgetautes Gefriergut ist bereits durch und durch weich geworden.

Das Auftauen sollte so langsam wie nur möglich geschehen. Besonders empfindliche Lebensmittel, wie zum Beispiel Fleisch oder Krustentiere, sollte man am kühlsten Ort im Kühlschrank auftauen: Je langsamer der Vorgang, desto mehr wird das Lebensmittel geschont, es tritt nicht so viel Saft aus, der Qualitätsverlust hält sich in Grenzen.

Vorgehen bei sehr empfindlichem Gefriergut

Auftauen von problematischem Gefriergut, das möglicherweise mit zum Beispiel Salmonellen kontaminiert sein könnte: Hier sollte man mit großer Sorgfalt vorgehen, denn solche Keime sind gesundheitsschädigend. Fleisch, Fisch, Geflügel, Meeresfrüchte, Eier sind besonders gefährdet!

Auf einer Unterlage die Verpackung des Gefrierguts ablösen – vorher kurz etwas warmes Wasser darüber rinnen lassen, damit sich die Verpackung lösen kann. Diese gleich in den Abfall geben.
Das Gefriergut in ein hitzebeständiges – um es danach sehr heiß reinigen zu können – Gefäß legen, in dem ein umgekehrter Teller oder ähnliches Platz hat, der verhindert, dass die Abtauflüssigkeit das Gefriergut berührt. Das Gefriergut im Kühlschrank abgedeckt langsam und vollständig auftauen lassen. Das Abtauwasser nach dem Auftauen des Gefriergutes sofort abgießen und Ausguss und Topf heiß und mit Spülmittel reinigen. Alle anderen Lebensmittel sorgfältig vor abtropfendem Abtauwasser oder Fleischsaft schützen.

Unterschiedliches Auftauen

Gemüse

Es wird am besten bei Zimmertemperatur aufgetaut. Dadurch bleibt es vitaminreicher und aromatischer. Es kann aber auch direkt nach der Entnahme aus dem Gefrierschrank zubereitet werden.

Früchte für einen Kuchenbelag auftauen

Für diesen Zweck entsprechend vorbereiten: Zwetschken, Pfirsiche, Marillen oder andere Früchte schneidet man in Spalten und friert diese auf ein Tablett gebreitet ein, sodass man die Stücke einzeln entnehmen und auf den Teig legen kann. Die Früchte legt man leicht angetaut mit der Haut nach unten auf den Teig, denn das verhindert, dass der Obstsaft in den Teig eindringt. So bleiben die Früchte saftig. Beim Backen sinken die Früchte in den Teig, sie sind also zur Hälfte oder mehr im Teig. Das macht den Teig sehr fruchtig im Geschmack und saftig. Will man das nicht, so kann zuerst der Teig gebacken und mit Fruchtgelee oder Pudding abgedeckt werden. Erst dann kommt das gefrorene oder angetaute Obst darauf, welches man nach dem Abkühlen mit flüssigem Gelee überziehen könnte. Wenn der Teig teilweise vorgebacken wird, versinken die aufgelegten Fruchtstücke nicht so leicht und garen mit.

Fleisch und Fisch auftauen

Fleisch- und Fischteile können gefroren, angetaut oder ganz aufgetaut zubereitet werden. Das Auftauen muss jedoch sehr langsam und schonend gemacht werden, damit kein großer Flüssigkeitsverlust stattfindet. Problematisch ist dabei nur das sichtbare und unsichtbare Fett. Im Tiefkühler wird Fett auch bei -18 °C sehr bald ranzig. Fetthaltige Teile also nur kurz, etwa 2 Monate, tiefgefroren lagern. Große Fleischstücke (Braten, ganzes Huhn) und ganze Fische sollten weitgehend langsam und im unteren Kühlschrankbereich aufgetaut werden, bevor sie zubereitet werden. Sonst bleiben sie innen noch roh, wenn sie außen schon gar sind.

Fertige Speisen

Beim Zubereiten zunächst Wasser untergießen, dass nichts anbrennt. Topf langsam erwärmen und einen Deckel darauf geben, immer wieder nachsehen und gegebenenfalls umrühren, damit nichts anbrennt.

Knödel aller Art

Sie können gefroren an- oder aufgetaut ins kochende, gesalzene Wasser gegeben werden. Je nachdem, ob sie schon vorgekocht sind oder nicht – danach richtet sich dann die Kochzeit der Knödel.

Tipps zum Auftauen

Sanft und relativ rasch kann man unter fließendem kaltem Wasser auftauen, jedoch ist es empfehlenswert, das Auftaugut nochmals in einen Foliensack zu stecken, um ein Auslaufen zu verhindern.

Der Toaster ist auch sehr hilfreich zum Auftauen von kleinem Gebäck, Kuchen oder Brot- und Toastscheiben. Sollte der Toaster zu wenig Auflagemöglichkeit haben, sodass kleinere Stücke durchfallen, so hilft ein Topfuntersatz aus einem Metallgitter.

Semmeln oder Weißbrotscheiben gefroren auf den Toaster legen und auf jeder Seite so lange rösten lassen, bis der Toaster erkaltet. Danach die zweite Seite genauso wie die erste Seite knusprig toasten. Das ist eine gute Methode, wenn man nur 2 bis 4 Stücke benötigt. Braucht man mehr, so heizt man den Backofen auf 170 °C vor: bei 170 °C benötigt kleines Gebäck etwa 5 Minuten, dabei gibt man 2 Esslöffel Wasser in die Röhre, aber nicht auf das Brot. Weißes Brot im Ganzen braucht zum Auftauen bei 170 °C etwa 7 Minuten, dabei ebenfalls 2 Esslöffel Wasser in die Röhre geben.

Der Backofen kann auch zum Auftauen verwendet werden: 50 °C einstellen, Umluft einschalten. Unter den Rost ein Gefäß für herabtropfende Flüssigkeit oder ein Bratblech schieben.

Die Mikrowelle hat eine eigene Einstellung für das Auftauen, womit es sehr einfach und schonend geht. Es ist lediglich wichtig zu wissen, welche Watt-Leistung das Gerät hat und dass die Auftaustufe mit nur 25 bis 30 Prozent der höchsten Stufe arbeitet. Der Vorteil der Auftaustufe ist, dass sie immer wieder die Wellenzufuhr unterbricht und dadurch eine gleichmäßig leichte Erwärmung erzielt. Jedenfalls sollte man nach dem Auftauen noch etwas Zeit einplanen, damit das Gefriergut noch nachtauen kann und sich die Wärme gut verteilt.

Nicht auftauen muss man: dünne Teile von Fischen, Fleischschnitten, Geflügelteile, Würste, Gemüse, Fertiggerichte, Knödel. Wenn man Schnitten von Fleisch oder Fisch panieren will, so sollten sie angetaut sein, weil sonst die Panade nicht halten kann.

Speiseeis

Ein ganz besonders empfindliches Lebensmittel ist Eiscreme! Es wird heute so behandelt, dass es beim Verzehr ein cremiges Mundgefühl bietet und weich ist, damit es sich sofort aus der Schachtel herauslösen lässt, keine Eiskristalle aufweist, eine ansprechende Farbe hat und gut schmeckt. Am besten die Eiscreme in speziellen Tiefkühltaschen nach Hause transportieren und dort sofort wieder tiefkühlen.
Vor dem Servieren am besten alles gut vorbereiten: Geschirr, Besteck, Kekse, Sirup, kochendes Wasser für den Servierlöffel zum leichteren Herausstechen. Den nicht benötigten Rest nur dann nochmals einfrieren, wenn er noch fest und kalt genug ist.

Was tun, wenn der Gefrierschrank nicht mehr will?

Das Gerät nicht öffnen, die Kälte hält sich im Inneren je nach Gerät bis zu 12 Stunden, wenn die Temperatur nicht schon zu warm ist!

Nachsehen:
- Ist die Türe ganz geschlossen?
- Ist der Stecker richtig eingesteckt?
- Sind die Sicherungen in Ordnung?
- Hat man vielleicht zu viele neue Produkte auf einmal zum Frieren eingelegt, braucht der Schrank eventuell nur mehr Zeit. Auf „Superfrost" einstellen, falls es diese Möglichkeit gibt, damit es schneller geht. Das nächste Mal nur wenig Neues einlegen oder zuerst im Kühlschrank vorkühlen.

Freunde oder Nachbarn, die nicht zu weit weg wohnen, um Hilfe bitten, das heißt um einstweilige Beherbergung der „kostbarsten" Stücke in ihrer Tiefkühltruhe. Für den Transport gut einwickeln, damit das Gefriergut so kalt wie möglich bleibt! Gute Dienste leistet in diesem Fall auch eine mobile Kühlbox.

Kochen von A bis Z

Küchentechniken – Begriffe rund ums Kochen

Abbrennen

Es ist der wichtigste Schritt bei der Zubereitung von Brandteig. Das bedeutet, dass Mehl mit kochend heißem Wasser verrührt wird und sich dadurch rasch mit den flüssigen Zutaten verbinden kann. Auch gibt es in den Alpentälern den Brauch, dass man 1 Teil zerkleinertes Obst, zum Beispiel Zwetschken oder Beeren (Heidelbeeren) mit 1 Teil Mehl vermischt, 1 Prise Salz dazugibt und dann mit etwas kochendem Wasser zu einem Teig verrührt, der so dick wie Schmarrenteig sein sollte. Diesen brät man in Butterschmalz langsam knusprig und serviert ihn mit Zucker bestreut. Sehr einfach, aber wunderbar!

Abbröseln

Sehr kalte Butter mit Mehl und weiteren Zutaten, wie zum Beispiel geriebene Nüsse, mit möglichst kalten Händen verkneten, bis sich kleine Brösel bilden. Wichtig ist, dass sich die Butter nicht erwärmt und schmilzt – deshalb sehr rasch arbeiten.

Abdämpfen lassen

Wenn man Gemüse, Kartoffeln, Reis, Nudeln fertiggekocht hat: Deckel weg, Wasser abgießen und den Dampf abströmen lassen. Dadurch wird das Kochgut etwas trockener.

Abfetten

Durch das Abfetten entfernt man die Fettschicht von heiß zubereiteten Speisen, zum Beispiel bei Eintopf oder Gulasch. Das funktioniert nur, wenn man nicht zu heftig gerührt hat und das Fett Zeit hatte aufzusteigen.

Abheben einer gestockten Fettschicht nach dem Kühlen: Das geht meist nur, wenn man kein Öl zur Zubereitung genommen hat, sondern zum Beispiel Butterschmalz oder andere tierische Fette. Man kühlt die Masse ab, stellt den Topf ins Kühle, nicht ins Kalte und wartet, bis das Fett aufgestiegen ist und eine helle, feste Fettschicht entstanden ist. Diese kann man dann abheben. Am besten geht das Abkühlen über Nacht und mit einem nicht zu großen Topfdurchmesser, sodass das Fett auf einer kleinen Fläche konzentriert wird, die man leichter entfernen kann.

Öle können nicht stocken, lediglich aufsteigen. Die Fettschicht, wenn sie aus Öl oder noch warm ist, kann man durch das Auflegen von Küchenpapier abnehmen: Es saugt das Fett an und wird weggegeben. In der Regel muss man diesen Vorgang mehrmals wiederholen.

Hat man allerdings eine fetthaltige Speise häufig gerührt, so entsteht eine „Emulsion", eine Verbindung mit dem Fett. Es kann nicht mehr aufsteigen und ist auch nicht mehr sichtbar, sondern „versteckt" in der Speise enthalten!

Abflämmen

Manchmal genügt es, einer Speise auf der Oberseite mit Hilfe eines Bunsenbrenners ein wenig Bräune zu verleihen. Das geschieht zum Beispiel mit aufgestreutem Zucker auf einer Bayrischen Creme oder bei einem Käse-Auflauf. Hat man keinen Bunsenbrenner, so kann man die Speise auch im Backrohr bräunen.

Abkühlen

Durch Einlegen von Tiefkühl-Paketen, die man auch in Kühlboxen verwendet, kann man eine Zubereitung sehr schnell abkühlen.

Auch kann man mit ihnen aus kaltem Wasser schnell „Eiswasser" herstellen, das man zum Blanchieren benötigt. Auch das Schrägstellen eines Topfes verschafft eine größere Oberfläche zum schnelleren Abkühlen.

Abkühlen von Zubereitungen: Den Kochsud vom gekochten Fleisch sowie von allen heißen Zubereitungen wie Gulasch, Ragout, Eintöpfen, aber auch von zubereiteten Hülsenfrüchten oder Suppen nie beim Auskühlen zudecken. Durch den Luftabschluss kann die Speise schnell sauer werden. Im offenen Topf öfter umrühren. Das Hineingeben von Tiefkühlsäckchen zum rascheren Abkühlen hilft. Erst zudecken bis alles abgekühlt ist!

Ablöschen

Es bedeutet, im heißen Topf nach dem Braten mit ein wenig Flüssigkeit den Bratvorgang zu unterbrechen, um die entstandenen Röststoffe abzulösen und dann auch diese Flüssigkeit weiter zu reduzieren.

In der Regel nimmt man zum Ablöschen Wasser. Will man eine besondere Geschmacknote erzielen, nimmt man Suppe, Fond oder Jus oder Alkohol wie zum Beispiel Wermut, Portwein oder Sherry. Diese Flüssigkeiten nimmt man zum Ablöschen, damit sie ihr Aroma durch das Reduzieren verstärken können und so den Speisen einen besonderen Geschmack verleihen.

Auch wenn man zum Beispiel leicht angebratene Gemüsestückchen ablöscht, so sollte man das immer nur mit wenig Flüssigkeit machen, dafür aber den Vorgang öfter wiederholen. Je häufiger man nämlich dieses Ablöschen wiederholt, desto besser im Geschmack, sämiger und glänzender wird die Sauce werden.

Abrebeln

Beeren von den Stängeln pflücken.

Abrühren

Einen Teig so lange rühren, bis er die richtige Konsistenz hat. Oder eine Speise auf dem Herd bis zum Siedepunkt ständig rühren, damit sich nichts anlegt. Durch das Rühren entsteht auch eine gewisse Emulsion.

Abschäumen

Beim Kochen verschiedener Zubereitungen entstehen durch das Erhitzen geronnene Eiweißpartikel, die an die Oberfläche steigen und einen Schaum bilden, den man entfernen sollte. Dieser Schaum könnte eine Speise durch das Weiterkochen eintrüben, oder es könnten auf der Oberfläche bei längerem Lagern leichter unerwünschte Keime entstehen.

Abschlagen

Der Ausdruck steht für das Zusammenkneten des Germteigs, damit sich die entstehenden Luftblasen verkleinern und der Teig feiner wird.

Abschmelzen

Gegarte Teigwaren, Kartoffeln, Gemüsestücke, Spätzle mit brauner, also geschmolzener Butter oder mit in Fett gerösteten Zwiebeln übergießen oder damit verrühren.

Abschrecken

Das rasche Stoppen des Garvorgangs mit sehr kaltem Wasser. Beim Blanchieren gibt man das Gargut zum Abschrecken in Eiswasser, um die Farbe zu erhalten.

Abtreiben

Eine glatte Masse aus Fett, meistens Butter, Zucker und Eidotter, durch intensives Rühren herstellen. Meist wird das eine Grundsubstanz für Kuchen oder Torten, aber auch für andere Teigmischungen.

Abziehen oder „zur Rose" abziehen

Eine Eidottercreme über Dampf so lange unter Rühren erhitzen, bis sie so dick geworden ist, dass sich auf der Rückseite eines Kochlöffels beim Daraufblasen Ringe bilden, die Rosenblättern ähneln. Das zeigt an: Die Masse ist dick genug.

Adstringierend

Zusammenziehender Effekt bei Speisen, zum Beispiel durch die darin enthaltene Gerbsäure, das Tannin. Es entsteht ein leicht „pelziger" Belag auf Zahnfleisch, Zähnen und Zunge. Sehr typisch zu beobachten zum Beispiel bei schweren Rotweinen oder auch bei Preiselbeeren.

Acrylamide

Acrylamide entstehen in der sogennanten Maillard-Reaktion bei Überhitzung von Stärke, insbesondere beim Backen, Braten, Rösten, Grillen und Frittieren. Sie stehen im Verdacht, krebserregend zu sein, daher sollte zu starkes Bräunen , vor allem von stärkehaltigen Lebensmitteln, vermieden werden.

Al dente

Teigwaren und Gemüse werden nur so lange gekocht, dass sie innen noch etwas fest sind. Man sagt auch: Sie sollten noch „Biss" haben!

Anbraten

Man nennt es auch ansautieren, anschwitzen oder glasig anbraten: Geschnittene Zwiebel- oder Gemüsestücke, auch zum Beispiel roher Reis, werden in Fett leicht erhitzt, damit sie glasig, also milchig oder durchsichtig sind, also keine

Farbe annehmen. Es soll kein Bratgeschmack durch Bräunung entstehen. Die glasige Konsistenz führt bei längerem Schmoren dazu, dass sich zum Beispiel eine Zwiebel zerkocht. Hat sie dagegen eine braune Kruste, kann sie sich nicht so gut verkochen. Dieses Verkochen braucht man aber unbedingt zum Beispiel zur Herstellung eines guten Gulaschsaftes.

Anschwitzen, Andünsten

Der Begriff bezeichnet das kurze Garen von Gemüse in wenig Fett bei geringer Hitze sowie das leichte Anbraten von Mehl für eine Einbrenn, auf deutsch Mehlschwitze.

Arrosieren

Man begießt den Braten fast ununterbrochen mit der ihn umgebenden, gewürzten Sauce oder dem Bratfett, wozu man auch ein Stück Butter geben kann. Damit der Saft zusammenrinnen kann, hält man das Kochgeschirr etwas schräg. Das Fleischstück soll dadurch einen besonders guten Geschmack und gleichzeitig an der Oberseite einen feinen Überzug bekommen, also fast ein wenig →karamellisieren.

Aufbacken →Bähen

Am vorteilhaftesten ist, das Gebäck für den Vorrat selber einzufrieren. Dafür sollte es frisch gebacken und nicht teilweise vorgebacken oder im Geschäft nachgebacken worden sein. Sonst könnte es nach dem Auftauen in mehrere Teile zerfallen. Man kann natürlich auch bereits tiefgefrorenes Gebäck verwenden. Brot und Gebäck werden im Backrohr knusprig aufgebacken: Auf 180 °C vorheizen, bei Ober- und Unterhitze, und wenige Minuten hineingeben. Umluft trocknet zu stark aus!

Folgende Richtwerte gelten für das Aufbacken:

kleines Gebäck: bei 170 °C, 5 bis 6 Minuten und unter Beigabe von 2 Esslöffeln Wasser im Backrohr (nicht auf das Brot!).

kleine weiße Wecken: bei 170 °C, 7 Minuten unter Beigabe von 2 Esslöffeln Wasser ins Backrohr.

Wenn man nur wenige Stücke zum Aufbacken hat, geht es schneller mit dem Toaster. Viele Modelle haben Haltevorrichtungen mit einem Abstand zum Hitzeschlitz, wodurch die heiße Luft das Gebäckstück gut umströmen kann. Das gefrorene Gebäck muss auf der ersten Seite so lange liegen bleiben, bis keine heiße Luft mehr aus dem Toaster strömt. Erst dann umdrehen und danach ebenso lange liegen lassen, damit auch das Innere auftauen kann.

Aufschlagen

Das zügige Schlagen einer Masse mit dem Schneebesen, zum Beispiel Rahm. Sehr oft geschieht das Aufschlagen über Dampf, damit eine flüssige Masse eine gewisse Festigkeit erlangt. Man sollte hier aufpassen, was genau im Rezept verlangt wird, denn bestimmte Massen sollten nicht mit der Küchenmaschine oder mit dem elektrischen Handrührgerät aufschlagen werden, weil sie sonst zu wenig kleinporig werden. Wenn man den Eischnee oder den Rahm mit der Hand oder dem Schneebesen aufschlägt, halten sie wesentlich besser, besonders wenn sie längere Zeit stehen müssen. Suppen und Saucen werden unmittelbar vor dem Servieren aufgeschlagen: Mithilfe eines Mixstabs oder mit dem Mixer entsteht auf der Oberfläche ein feiner Schaum, der sehr appetitlich aussieht.

Aufgießen

Das Hinzufügen von Flüssigkeit während des Kochvorgangs: Um zu einem guten Endergebnis zu kommen, ist es wichtig, immer erst abzulöschen, zu reduzieren und anschließend erst wieder mit Flüssigkeit aufzugießen.

Ausbeinen →Entbeinen

Ausbraten

Grünen Speck, in Würfel geschnitten, sanft anbraten, damit das Fett austreten kann. Es wird zum Braten oder gewürzt als Brotaufstrich verwendet. Die goldbraunen Speckstücke werden abgeseiht und gesalzen zu Grammeln, also ebenfalls zu Brotaufstrich oder noch mehr zerkleinert zur Fülle.

Ausnehmen

Die Innereien eines Tieres entfernen.

Auswalken

Einen Teig mit einem Nudelholz so lange bearbeiten, bis die gewünschte Stärke erreicht ist. Zweckmäßig ist es, der Teigplatte während der Bearbeitung öfter eine andere Position zu geben und für ein leichteres Auswalken ein wenig griffiges Mehl unterzustreuen.

Ausstechen

Aus einer ausgerollten, dünnen Teigplatte oder aus gegarten Gemüsescheiben mit einer Form kleine Stücke herausstechen.

Ausstreuen

Ein gefettetes Blech oder eine gefettete Form mit griffigem Mehl, Nuss- oder Semmelbröseln oder grobem Kristallzucker auskleiden, damit der Teig nicht haften bleibt.

Bähen →Aufbacken

Ein schweizerischer, bayerischer und österreichischer Ausdruck für das knusprige Aufbacken von Brot im Backrohr, oder auch auf einem Toaster.

Bardieren

Gemeint ist das Belegen oder Umwickeln von trockenem Fleisch mit Speckscheiben, damit es während des Bratvorgangs saftig bleibt: gebräuchlich beim Braten eines Fasans oder Perlhuhns, aber auch Filetstücke lassen sich so wunderbar saftig zubereiten.

Benötigt man diese Speckscheiben größer als normalerweise erhältlich, kann man sie ein klein wenig überlappend nebeneinanderlegen und an den „Nähten" leicht klopfen, damit sie aneinanderkleben. Sie sollten immer mit Küchenspagat ans Fleisch gebunden werden, weil sie sich sonst beim Braten aufbiegen und abfallen. Der Speck wird vor dem Servieren entfernt, genauso wie das ausgebratene Fett. Das Fleisch bleibt unter dem Speck saftig, kann aber nicht bräunen.

Wenn man durchwachsenen Speck nimmt, so sollte man bedenken, dass er meist geselcht und daher sehr geschmacksdominant ist. Der grüne Speck gibt keinen Geschmack, sondern nur das Fett ab.

Bemehlen

Das Bestäuben von Bratgut mit Mehl: Dabei sollten die bemehlten Teile nur kurz und bei mäßiger Temperatur gebraten oder sautiert werden, weil das Mehl schnell bräunt und die Gefahr groß ist, dass es verbrennt. Dabei sollten die bemehlten Stücke schnell garen können, beziehungsweise nach dem Farbe-Nehmen noch in Flüssigkeit dünsten, damit sie weich und gar werden. Dünstet man anschließend nicht, so sollten die Fleischstücke sehr dünn oder kleinwürfelig geschnitten sein, sodass sie mit der geringeren Temperatur zum Garen auskommen und trotzdem das Mehl nicht verbrennt. Daher nicht bemehlen, wenn die Stücke zum Garen länger brauchen oder diese erst später bemehlen. Das so geröstete Mehl gibt einen guten Geschmack und durch Zugabe von Flüssigkeit und passender Würze auch eine angenehme Sauce. →Kurzbraten, Sautieren

Blanchieren →Überbrühen

Blindbacken

Einen Teig vorbacken, damit man vor dem Fertigbacken eine feuchte Füllung darauf geben kann, ohne dass der Teig zergeht, „sitzenbleibt" oder durchweicht. Eine Form mit einer Teigplatte, meistens aus Mürbteig, belegen und andrücken. Mit einer Gabel mehrmals anstechen, damit sie sich nicht aufwölben kann. Den Teig dann mit Backpapier belegen und mit getrockneten Hülsenfrüchten beschweren. Sie sorgen zusätzlich dafür, dass sich der Teigboden nicht aufwölben kann. Nun backt man den Teig im auf 180 °C vorgeheizten Rohr etwa 10 Minuten, bis eine helle Farbe entstanden ist. Sodann entfernt man die Hülsenfrüchte – man kann diese für ein nächstes Mal aufheben, zum Garen sind sie unbrauchbar geworden – und das Backpapier, anschließend belegt man den vorgegarten Teig mit der vorgesehenen Fülle und backt alles fertig.

Brandig

So nennt man einen Teig, der die Bindung verloren hat. Durch zu langes Kneten tritt Fett aus und der Teig hält nicht mehr zusammen.

Braisieren

Halb braten, halb schmoren, beim Garen immer wieder mit Flüssigkeit übergießen.

Braten

Der Vorgang, bei dem Bratgut unter Hitzeeinwirkung gart und an der Oberfläche braun wird. Zu beachten ist, es niemals mit einer Fleischgabel anzustechen, sondern eine Zange zu verwenden. Durch das Anstechen kann der Fleischsaft ausrinnen und es könnte sehr zäh und trocken werden.

Das Bratgut sollte am Beginn des Bratvorganges zimmerwarm sein, damit das Fett in der Pfanne nicht zu schnell abkühlt und der Bratvorgang sich vom Braten ins Kochen verwandelt.

Wenn das Bratgut bräunen soll, so sollte es sorgfältig abgetrocknet sein, damit sich kein Dampf bilden kann und dieser Umstand dann die Bräunung weitgehend verhindert. Ist das Bratfett nicht heiß genug, bleibt das Bratgut nicht saftig und bräunt auch nicht. Also: Es sollte beim Einlegen für jedes Stück ordentlich zischen! Eventuell wartet man mit dem Einlegen des folgenden Stücks ein wenig.

Bratrückstand

So nennt man die nach dem Braten von Fleisch in der Pfanne verbliebenen Reste, welche die Grundlage für eine wunderbare Sauce bilden können. Dazu entfernt man mit einem Stück Küchenpapier sorgfältig alle schwarzen und überwürzten Teile in der Pfanne, also das Fett und alles Verbrannte, jedoch nicht den Bratrückstand selbst, und stellt die Pfanne wieder auf den Herd. Nun gießt man mit Flüssigkeit, zum Beispiel Wasser, Suppe, Fond oder Wein auf, damit sich alles vom Topfboden lösen kann. Anschließend reduziert man die entstandene Flüssigkeit und verbessert sie gegebenenfalls mit Rahm.

Bridieren →Dressieren

Das In-Form-Bringen des Bratguts vor dem Garen durch das Zusammenbinden mit Küchenspagat – wird vor allem bei Geflügel angewandt.

Carpaccio

Gericht aus hauchdünnen, mit Olivenöl und geraspeltem Parmesankäse angemachten Rindfleischscheiben. Benannt nach dem berühmten venezianischen Maler Vittore Carpaccio, der für seine leuchtenden Rot-/Weißtöne bekannt war.

Concassé

Kleine Würfel, meistens von geschälten, zerkleinerten Tomaten, mit Salz, Pfeffer und Butter weichgedünstet.

Crêpe Suzette

hauchdünner Pfannkuchen in einer Orangenlikör-Orangensaft-Sauce, der flambiert wird

Cuttern

Im Blitzhacker (Cutter) wird durch sehr rasche und sehr kräftige Messerdrehungen das Mahlgut sehr fein zerkleinert, wenn man die Maschine lange genug laufen lässt. Will man es nicht so fein, schaltet man einfach früher ab. Achtung: Der Standmixer zerhackt längst nicht so fein, die Messer sind nicht so scharf, so schnell und auch zu weit vom Boden des Mixbechers entfernt.

Dörren, Trocknen

Meist pflanzliche Produkte werden mit Warmluft bei höchstens 65 °C oder an der warmen Luft im Schatten getrocknet. Wenn man keinen Dörrapparat hat, kann man auch im Backrohr trocknen, sollte aber immer die Türe einen Spalt offenlassen (eingeklemmter Kochlöffel), damit die feuchte Luft entweichen kann.

Dressieren →Bridieren

Das Formen von Geflügel oder größeren Fleischstücken mittels Binden mit Küchengarn oder das Formen einer Masse oder eines Teiges. Mit dem Spritzbeutel kann auch eine Masse geformt werden.

Dünsten

Mit Flüssigkeit oder Dampf sanft garen.

Einkochen lassen →Reduzieren

Eine Flüssigkeit durch längeres Kochen verdampfen, sodass nur mehr ein kleiner Rest übrigbleibt. Die Flüssigkeit wird dadurch im Geschmack sehr konzentriert und kann so auch als Würze dienen.

Emincieren

Etwas in feine Scheiben oder Streifen schneiden: Wenn die Nahrungsmittel nicht fest genug sind, um feine Scheiben mit der Hand schneiden zu können, hilft eine Schneidmaschine oder auch, die Stücke etwas anzufrieren. Wird bei Carpaccio eingesetzt, kann aber auch Obst und Gemüse betreffen. In der hohen Kochkunst fast eine Wissenschaft …

Emulgieren

Das ist die Verbindung von Zutaten, die sich eigentlich selbstständig nicht verbinden können, aber durch kräftiges Rühren oder durch Emulgatoren „gezwungen" werden, sich zu vermischen. In der Küche sind dies meist Fett und Wasser. Ein Emulgator ist ein Hilfsstoff, der zwei Flüssigkeiten, die normalerweise nicht mischbar sind, in Verbindung hält. Bei einer Mayonnaise verbindet man beispielsweise Öl und Zitronensaft oder Essig, wobei der Emulgator das Eigelb ist.

Entbeinen →Ausbeinen

Aus rohen Fleischstücken mit einem scharfen Messer die Knochen entfernen oder ein Stück weit freilegen, ohne das Fleisch zu verletzen.

Enthülsen

Hülsenfrüchte von ihren Schoten befreien.

Entrahmen

Den aufgestiegenen Rahm von der Oberfläche der Milch abnehmen. Das geht nur bei frisch gemolkener und unbehandelter Milch. Bei im Handel erhältlicher Milch funktioniert das nicht mehr, weil sie bereits speziell aufbereitet ist.

Farce

Masse aus fein gehacktem, im Fleischwolf gemahlenem, im Kutter zerkleinertem oder im Mörser zerstoßenem Fleisch, Fisch oder Gemüse. Damit das Eiweiß nicht gerinnt, sollte die Verarbeitung sehr kalt geschehen – auch mit Eiswürfeln cuttern.

Farcieren

Das Füllen oder Bestreichen von Fleisch-, Fisch oder Gemüsestücken mit einer Farce. Außerdem das Herstellen von mehreren Schichten, die mit „Farce" zusammengeklebt werden.

Filetieren

Aus einem Fleischstück oder einem Fisch die Filets, also die besten Teile, herausschneiden. Sie sind in der Regel ohne Fett, Sehnen, Knochen oder Gräten. Man filetiert aber auch geschälte Zitrusfrüchte, indem man die Fruchtspalten ohne die Zwischenhaut aus der Frucht herausschneidet. Die Früchte werden dabei vorher so mit dem Messer geschält, dass nur das Fruchtfleisch übrigbleibt und nichts Weißes von der Schale noch anhaftet.

Filtern

Abseihen einer Flüssigkeit durch ein Tuch oder ein Filterpapier, welches in der Regel in ein Sieb eingelegt worden ist. Dadurch werden feste Bestandteile zurückgehalten. So gewinnt man zum Beispiel bei Früchten klaren Saft. Will man mehr Fruchtmark zurückbehalten, muss man die Masse passieren, dann aber ohne Tuch oder Papier, sondern nur durch das Sieb.

Wenn die Masse im Sieb nicht gerührt oder bearbeitet wird, rinnt meistens eine klare Flüssigkeit ab. Bei aufgeschnittenen Tomaten erhält man dadurch eine klare, helle Flüssigkeit. Vorsicht: Wenn man die übriggebliebene Masse durch Rühren oder Pressen bearbeitet, wird die abrinnende Flüssigkeit trüb.

Fleischfaser

In Rezepten heißt es oft: „gegen die Fleischfaser", „gegen die Faser", „quer zur Faser" oder „im Winkel von 90 Grad" schneiden. Bei Fleisch laufen die Fasern immer in eine Richtung. Man schneidet es so, dass kurze Faserstücke entstehen, es wird dadurch weicher und ist leichter zu kauen.

Hier kann man die Vorstellung von einem Bund Schnittlauch zu Hilfe nehmen: Man schneidet das Fleisch wie den Schnittlauch, die Stängel kann man sich als die „Fasern" vorstellen, der Schnittlauch wird also gegen die Faser oder quer zur Faser in kurze Stücke geschnitten – so wie das Fleisch in Scheiben.

Frappieren

Eine Speise oder ein Getränk, zum Beispiel Sekt oder Wein, ganz schnell durch Drehen in Eiswürfeln abkühlen. Für eine starke und rasche Abkühlung sorgt die Zugabe von Salz im Eis.

Gelierprobe

Von einer Geliermasse, zum Beispiel Marmelade, gibt man ein wenig auf einen kalten Teller, um den Geliervorgang zu prüfen. Durch die Kälte des Tellers sollte sich das Gelee sofort entwickeln (siehe auch S. 162).

Gewürztes Wasser

Wenn man Gargut in Wasser kochen soll, so verwendet man in der Regel mit Salz gewürztes Wasser, damit das Gargut nicht auslaugt.

Glacieren

Das Überglänzen von Kochgut mit dem eigenen Saft, mit Gelee oder durch Schwenken in flüssiger Butter. Auch mit etwas Zucker in der heißen Butter, wobei der Zucker leicht →karamellisieren soll und dabei glänzend wird. Wird zum Beispiel bei Karotten so gemacht. Wenn man nur Butter zum Glacieren verwenden will, so haftet diese besonders gut, wenn man zuletzt noch ein wenig Flüssigkeit wie Wasser, Suppe oder Gemüsebrühe, je nach Menge ein halbes oder ein ganzes Achtel, zum Gemüse in die Pfanne gießt und das Gemüse darin mit der Butter zusammen so lange schwenkt, bis alle Flüssigkeit verdunstet ist.

Glasieren

Das Überziehen eines Backwerks mit einer süßen Glasur oder Zuckerguss, damit es schöner aussieht und haltbarer wird.

Gratinieren

Ein Gratin ist eigentlich eine Art gegarter oder weitgehend gegarter Eintopf, der in einem flachen Geschirr im Backrohr durch Überbacken mit einer appetitlichen, leicht bräunlichen Kruste versehen wird. Sie kann aus geriebenem Käse, Käsescheiben oder mit Butter vermischten Bröseln bestehen. Manchmal verwendet man dazu auch dickflüssige Saucen, zum Beispiel Sauce hollandaise oder eine Béchamelsauce.

Tipp: Verwendet man die Grillschlange zum Überbacken, so sollte man am besten einen großen Abstand wählen, weil ganz schnell zu viel Hitze entstehen kann und dann alles zu dunkel wird. Bei großem Abstand hat man mehr Kontrolle und Spielraum! Vorsichtshalber beim Backofen bleiben, um schnell eingreifen zu können.

Grammeln

Würfel aus rohem, unbehandeltem Schweinefett, dem →grünen Speck, werden sanft erhitzt, bis sie hellbraun geworden sind. Diese braunen Speckstücke isst man heiß und ohne das Fett, bestreut mit Salz auf schwarzem Brot.
Das ausgelassene, gestockte Fett kann man zum Braten verwenden.
Oder man bereitet das Schmalz lauwarm mit Zutaten wie fein geriebenem Zwiebel und/oder Apfel, Knoblauch und Salz verrührt, als Aufstrich zu. Je mehr man rührt, besonders mit dem Rührgerät, desto luftiger wird es.
Nimmt man Grammeln als Fülle zum Beispiel für Knödel, sollten sie immer faschiert oder fein gehackt werden, weil sie sonst zusammenkleben. Oftmals fügt man auch noch Brösel für mehr Haftung zur Fülle hinzu.

Grüner Speck

Frischer und unbehandelter Speck, also weder geselcht noch gesalzen, und ohne Fleischeinschlüsse. Er wird aus dem Rückenspeck des Schweins geschnitten. Man verwendet ihn zum →Bardieren oder für →Grammeln.

Julienne

In feine Streifen geschnittenes Gemüse

Jus

Konzentrierter, entfetteter Fleischfond oder Bratensaft.

Kalte und warme Massen mischen

Diese darf man nicht zusammenrühren, denn die neue Masse kann sehr rasch sauer werden. Die Massen immer auf gleiche Temperatur bringen und dann erst mischen. Durch den Temperaturunterschied erwärmt sich die Speise und es entstehen optimale Bedingungen für Bakterien und Hefepilze.

Kandieren

Früchte oder Schalen von Bio-Obst durch Einlegen oder Kochen in starker Zuckerlösung durch und durch tränken und dann trocknen lassen, um sie haltbar zu machen.

Kannelieren

Gemüse, Früchte oder anderes für dekorative Zwecke zurechtschneiden. Man schneidet meist Rillen, Zacken oder andere Muster hinein, oft mit speziellen Geräten, um zum Beispiel für kalte Platten oder ein Buffet dekorative Dinge zu kreieren.

Karamellisieren

Starkes, trockenes Erhitzen von haushaltsüblichem Kristallzucker. Durch das Sautieren von Fleisch, geschnittenem Gemüse, Pilzen, Fisch oder Meeresfrüchten bildet sich auch eine Art Karamell, der aus dem natürlich austretendem Saft, dessen Zuckeranteil und anderen Inhaltsstoffen zusammen mit der Bräunung entsteht. Es entsteht ein intensiver Geschmack. Das Zufügen von Alkohol und das anschließende fast totale Reduzieren ist ein ähnlicher Vorgang. Das Reduzierte wird nicht süß, sondern entwickelt Geschmack.

Schmorflüssigkeit kann auch auf der Oberfläche von Geschmortem oder Bratensaft auf dem Bratgut karamellisieren, wodurch eine saucenähnliche Glasur entsteht. Das ist auch ein Grund, warum man Braten mit der Flüssigkeit →arrosiert.

Vorsicht: Die Karamell-Schicht kann sehr leicht in einen verbrannten und dann bitteren Zustand wechseln. Rechtzeitiges Beenden des Garvorganges oder das Ablöschen mit frischer Flüssigkeit ist ratsam.

Karkassen

Das sind die Knochen, das „Gerippe" des Geflügels und der Fische sowie die Überreste der Krustentiere. Sie dienen als Grundlage für Suppe, Fond und Jus.

Kekse/Lebkuchen, die hart geworden sind

Die Kekse sollten in eine luftdichte Dose gegeben werden. Damit sie wieder weich werden, gibt es einen alten Trick: einen zerteilten Apfel zu den Keksen legen. Dabei muss man aber sehr aufpassen, denn er schimmelt sehr schnell und sollte spätestens nach zwei Tagen ausgetauscht werden.

Einfacher geht es so: Auf die Kekse legt man ein kleines Stück Alufolie. Darauf legt man nun ein klein zusammengefaltetes, angefeuchtetes Stück Küchenpapier. Bei geschlossenem Deckel nehmen die Kekse oder Lebkuchen die Feuchtigkeit auf, werden weich, es entsteht aber kein Schimmel. Das Papier trocknet höchstens aus, wenn es zu wenig feucht war.

Kochen

Das Wort „kochen" in den Rezepten irritiert sehr oft, denn häufig fehlen dazu genaue Angaben oder werden nicht genug beachtet. Unter Kochen versteht man in der Regel das Garen in sprudelnd kochender Flüssigkeit bei 100 °C, wobei diese an der Oberfläche heftig wallen oder brodeln sollte. Man sollte dabei aber wissen, welches Gargut tatsächlich gekocht werden und welches nur köcheln oder simmern soll oder pochiert werden oder „garziehen": Das bedeutet, dass etwas mehr oder weniger unter dem Siedepunkt garen darf, damit es nicht zäh, trocken oder/und faserig wird.

Kochen oder sieden: sprudelnd bei 100 °C

Dampfgaren: im Dampf von siedender Flüssigkeit

Dünsten: mit wenig Flüssigkeit köcheln bei etwa 100 °C

Simmern oder köcheln: etwa 95 °C

Pochieren oder garziehen: bei etwa 75 °C

Kochen sollen:

Teigwaren: in kochendem Salzwasser, dabei das Salz erst ins kochende Wasser geben, sonst entstehen bei den Edelstahltöpfen Pünktchen am Topfboden.

Reis: wenn man ihn wie Nudeln kochen möchte: in kochendes Salzwasser gleiten lassen und nach dem Garen abseihen.

Kartoffeln: ins kalte Salzwasser geben, dann erst aufkochen.

grüne Gemüsesorten: Sie werden in kochendes Salzwasser zum →Blanchieren eingelegt.

feste Gemüsesorten: Sie werden ins kochende Salzwasser gegeben, damit sie nicht so sehr auslaugen können und weiter eher sanft gekocht, bis sie gar sind.

Große Mengen an Kochflüssigkeit empfehlen sich, wenn das Kochgut aufquillt wie bei Teigwaren oder Reis. Damit soll auch verhindert werden, dass alles schneller anbrennt, was besonders bei Kartoffeln gerne der Fall ist.

Beenden des Kochvorganges: Oftmals schreckt man das Kochgut zuletzt mit kaltem Wasser oder Eiswasser ab, wenn man verhindern will, dass es nach dem Kochen durch die restliche Hitze noch weiter gart und dadurch noch weicher werden würde.

Nudeln und Reis sollten in der Regel nicht →abgeschreckt werden, besonders nicht, wenn sie bald danach serviert werden, denn dadurch geht die Bindungsfähigkeit verloren, die Sauce haftet darauf nicht mehr sehr gut.

Nudeln und Reis, die nach dem Garen noch ein wenig warten müssen, gart man nicht ganz fertig, sodass sie noch von der Resthitze profitieren.

Niemals kochen sollten Fleisch, Fisch – außer getrockneter Stockfisch – sowie Meeresfrüchte, denn sie werden trocken und zäh.

Köcheln oder Simmern

Das ist ein Garprozess, der unter dem Siedepunkt liegt, aber eine höhere Temperatur hat als Pochieren oder Garziehen, also bei etwa 95 °C liegt: sozusagen ein sanftes Kochen bei geringerer Hitze.

Kurzbraten

Der Unterschied zum Sautieren ist der, dass beim Kurzbraten die Stück einzeln eingelegt und auch einzeln gewendet werden, am besten mit einer vorne abgerundeten Zange ohne scharfe Zacken, damit das Fleisch nicht beschädigt wird und der Saft nicht ausrinnen kann.

Läuterzucker

Zuckersirup – Wasser und Zucker zu gleichen Teilen aufkochen.

Legieren

Saucen oder Suppen mit Ei, Mehl oder Rahm binden.

Mazeration

Das sogenannte Ausziehen (lat. *maceratio* = mürbemachen, einweichen) von Früchten, Gewürzen und Kräutern durch das Einlegen in Alkohol, Wasser oder andere Flüssigkeiten, in denen man sie dann längere Zeit ziehen lässt.

Wesentlich ist, dass dies auf kaltem Wege gemacht wird, sodass durch das Aufweichen und Quellen die Aromen der pflanzlichen Rohstoffe im Zuge der Mazeration weitgehend in die Flüssigkeit übergehen. Die Methode verwendet man zum Beispiel bei Fruchtsalaten oder Rumobst.

Melieren

Das behutsame Unterziehen von zum Beispiel Mehl oder Eischnee in eine Masse. Dabei gibt man etwas in die Masse, ohne sie ganz damit zu vermischen, es sollen noch Streifen oder Flecken bleiben, zum Beispiel beim Gugelhupf.

Mehlieren

Mit Mehl umhüllen, eintauchen in Mehl, wie beim Wiener Schnitzel vor dem Eintauchen in die Panade oder beim Fleisch vor dem Anbraten; Formen, nachdem sie gefettet wurden, mit Mehl auskleiden.

Mie de pain

Französische Bezeichnung für weiche, frische, also nicht getrocknete Weißbrotbrösel. Man erhält sie, indem man von normal weichem Toastbrot die Rinde wegschneidet und sie in Stücken in der Moulinette oder einem geeigneten Mixer zu Bröseln verarbeitet. Je länger man den Mixer laufen lässt, desto feiner werden die Brösel. Verwendung: als Beimischung für duftig leichte Füllungen, für Knödel, Fleischlaibchen, für Süßspeisen oder Farcen.

Mirepoix

Bezeichnung für ein Wurzelgemüse-Bouquet, bestehend aus Karotte, Zwiebel, Sellerie, einem kleinen Sellerieblatt oder Petersiliengrün, manchmal auch Petersilienwurzel oder/und dem hellen Schaft vom Porree, einer gelben Rübe. Man bekommt es in der Regel als ein mit einem Gummiring umwickeltes

Päckchen. Man schneidet alles klein und brät es ohne Farbe leicht an, um für ein Schmorgericht, einen Eintopf oder eine deftige Suppe einen speziellen Geschmack zu erhalten. Dieses Röstgemüse kann entfernt werden, wenn man klare Flüssigkeiten haben möchte oder in der Speise bleiben, um eventuell auch gemixt für Bindung zu sorgen.

Montieren

Das Binden von Flüssigkeiten, zum Beispiel eine heiße Suppe oder eine Sauce, mit sehr kalten Butterstückchen, damit sie eine gewisse Molligkeit, einen guten Geschmack und auch Glanz erhalten.

Müllerin-Art

Bei dieser Zubereitungsart werden ganze Fische, Fischfilets, Garnelen oder Muschelfleisch in Mehl gewendet und in Butterschmalz oder neutralem Öl langsam knusprig gebraten.

Nachquellen

Wenn man zum Beispiel Polenta, Grieß oder Reis zubereitet hat, so zieht man den Topf zuletzt vom Herd und lässt die Masse bei geschlossenem Deckel noch in Ruhe etwas weicher werden und Flüssigkeit aufnehmen. Dabei entwickelt sich der Geschmack und das Gargut quillt dabei auf.

Nappieren

Das Überziehen oder Bestreichen von Fleisch, Fisch, Gemüse oder anderen Speisen mit Sauce, Fond oder Butter. Bei süßen Speisen überstreicht man mit Creme, Gelee oder Marmelade.

Natron; Natriumhydrogencarbonat

Es bindet und neutralisiert alle Säuren und wandelt sie in neutrale Salze und sprudelnde Kohlensäure um. Es kann daher auch innerlich gegen die Übersäuerung des Magens angewendet werden. Hartes, kalkhaltiges Wasser kann mit Speisenatron weicher gemacht werden. Das sich bei Wärmezufuhr entwickelnde, stärker alkalische Natron macht hartfaserige, aus viel Zellulose bestehende Pflanzenteile schneller weich, was man bei zum Beispiel bei Hülsenfrüchten, grünen Bohnen oder Kohlarten ausnützen kann. Man gibt zu dem gesalzenen Kochwasser auf etwa 1 Liter eine Messerspitze bis 1 gestrichenen Teelöffel Natron. Will man grünes Gemüse grün erhalten, so gibt man 1 Messerspitze Natron zum Kochwasser.

Auch kann man Natron als Backtriebmittel statt Backpulver verwenden: 5 g Kaiser-Natron für 500 g Mehl, kurz vor dem Backen noch 6 Esslöffel normalen Essig in den Teig einrühren.

Speisenatron ist in Lebensmittelgeschäften, Drogeriemärkten oder Apotheken erhältlich. Alle Natron-Packungen sind mit ausführlichen Gebrauchsanweisungen ausgestattet, auf denen noch eine ganze Reihe an zusätzlichen Verwendungszwecken angeführt ist.

Panade

Darunter versteht man Umhüllungen für verschiedene Lebensmittel wie zum Beispiel Fisch, Fleisch, Geflügel, Gemüse, Obst, die in heißem Fett herausgebacken werden. Eine Panade bietet immer einen gewissen Schutz für das Gargut. Es verhindert ein Austrocknen. Zusätzlich intensiviert sich der Geschmack und es bildet sich eine schmackhafte Kruste.

Es gibt verschiedene Arten der Panade:

Wiener Panade: Gargut mehlieren, durch ein verquirltes Ei ziehen und dann in Brösel wälzen.

Pariser Panade: Gargut mehlieren, dann durch verquirltes Ei ziehen.

Eine sehr schmackhafte Möglichkeit für eine Bratpanier ist folgende: 250 g griffiges Mehl, 125 g glattes Mehl, 50 g Semmelbrösel.

Damit Fisch oder Fleisch knusprig wird, kann man das Stück ohne weitere Behandlung nach dem Würzen in eine Bratpanier tunken, Nicht zu heiß, also langsam braten, jedoch so heiß, dass es nicht zum Kochen kommt. Die restliche Mischung der Bratpanier hebt man für die nächste Gelegenheit auf!

Paprizieren

Das kräftige Würzen mit Paprikapulver. Vorsicht bei diesem Pulver, es wird bei großer Hitze bitter!

Parfümieren

Ein Gericht mit speziellen Aromen versehen.

Parieren

Das Zurechtschneiden von Fleischstücken, das heißt das Wegschneiden von Fett, Sehnen, Schalen, Gräten oder ähnlichem, damit ein kochfertiger Zustand erreicht werden.

Parüren

Beim Parieren abfallende Fleischstücke oder -reste und Sehnen, Häute oder Knorpel, die man zur Herstellung von Jus, Fond, Suppen und Saucen verwenden kann.

Passieren

Durchreiben einer zähen bis festen Substanz (zum Beispiel Suppen, Gemüse, Beeren) durch ein Sieb, um eine breiartige Masse herzustellen.

Pikieren

Die Behandlung zum Beispiel eines Teigbodens, meist aus Mürbteig, damit er sich beim Backen nicht aufwölbt; das Anstechen eines Strudels vor dem Backen, damit er sich nicht zu sehr aufwölbt; das Anstechen der Haut und nur dieser, zum Beispiel bei Gans oder Ente, damit das darunter befindliche Fett beim Erhitzen abrinnen kann.

Pilieren

Verschiedene Lebensmittel im Mörser zerstoßen oder zerstampfen und zerquetschen, um sie dadurch miteinander zu verbinden.

Plattieren

Eine Fleisch- oder Fischscheibe, am besten zwischen einer Folie und mit ein wenig Öl, mit dem Handballen, dem Plattiereisen oder der Rückseite einer Pfanne vorsichtig und sanft klopfen, damit das Stück dünner wird: für ein Carpaccio oder um sehr dünne Scheiben Fleisch zum Braten zu erhalten.

Pochieren

Das Kochgut wird vollständig mit einer Flüssigkeit bedeckt und bis kurz vor den Siedepunkt gebracht. Die Oberfläche der Kochflüssigkeit soll sich fast nicht bewegen. Damit erreicht man, dass das Kochgut nur langsam gegart wird und sich die Aromen und eine zarte Konsistenz langsam entwickeln. Das Kochgut wird dabei nicht zäh und kann auch nicht auseinanderfallen! Die Würze der Pochier-Flüssigkeit kann eindringen.

Als Flüssigkeit kann man alles verwenden, was man möchte und was passt: Wasser, Suppe, Fleischbrühe, Kochwasser vom Gemüse, Gemüsesäfte, Apfelsaft, Wein oder Buttermilch. Für Süßspeisen, zum Beispiel mit Obst, nimmt man Säfte oder auch Läuterzucker.

Ist die Pochier-Flüssigkeit durch das Pochieren im Geschmack konzentrierter geworden, wird sie auch als eine Art Suppe zusammen mit der pochierten Speise serviert.

Wichtig ist beim Pochieren: Das Gargut sollte beim Einlegen mindestens Zimmertemperatur haben, sonst kühlt die Pochier-Flüssigkeit zu sehr ab. Große Stücke, wie zum Beispiel einen großen Fisch, gibt man in die kühle Flüssigkeit und erwärmt diese langsam, damit die Außenschicht nicht zu schnell gart und das Innere dann keine Zeit hat, Wärme aufzunehmen und garzuziehen. Kleine Stücke werden in die kochende Flüssigkeit eingelegt, die Temperatur dann gedrosselt oder der Topf vom Herd genommen, damit alles nur garzieht.

Poelieren

Gargut ohne Farbe nehmen zu lassen anbraten und dann weitergaren. Zum Beispiel Rinderfilet, zartes Kalbfleisch oder Geflügel ohne Flüssigkeitszugabe in Butterschmalz nur leicht heiß werden lassen, den Topf mit einem Deckel versehen und auf dem Herd oder im Backrohr bei mäßiger Hitze ganz langsam und schonend garen. Typisches Beispiel dafür ist das Paprikahuhn.

Reduzieren

Zu viel Flüssigkeit durch sanftes Kochen in Dampf verwandeln. Dadurch vermindert sich die flüssige Menge und es entsteht mehr Geschmack: Die Aromen bleiben in der Restflüssigkeit, die zähflüssiger wird und vom Geschmack her konzentrierter. Reduzierte Brühen aller Art können auch als Würze dienen, man spart Platz beim Aufbewahren.

Remouillage

Bei der sogenannten Nachbrühe werden die Knochen der bereits gekochten Rindssuppe nicht weggegeben, sondern mit frischem Wasser nochmals durchgekocht, um sämtliche Reste und Geschmacksaromen zu verwerten. Dieses „Geschmackswasser" dient zum Aufgießen von Suppen, Saucen oder Fonds.

Salzwasser

Man braucht es zum Kochen von Knödeln, Nudeln, Kartoffeln und anderem mehr. Das Wasser wird kräftig gesalzen. Das Kochgut wie beispielsweise Knödel soll den Geschmack aufnehmen und nicht ausgelaugt werden. In der Regel wird Salz in das fast kochende Wasser unter Rühren beigegeben.

Salz-Zitronen-Wasser

Dabei mischt man ins Salzwasser noch etwas Zitronensaft, damit es pikanter wird. Manchmal wird auch noch mit Zucker abgeschmeckt, damit zum Beispiel Obst- oder Topfenknödel aromatischer schmecken. Ein Schuss Rum unterstützt hier ebenfalls.

Salz-Überdosis

Wenn etwas versalzen schmeckt, ist es das allerbeste Mittel, die gleiche Speise ganz ohne Salz nochmals zuzubereiten und mit der salzigen Speise zu mischen. So rettet man wahrscheinlich sein Werk und erhält gleichzeitig Vorrat zum Einfrieren.

Mit ein paar einfachen Tricks kann man versalzene Speisen noch retten:
Saucen: 1 TL Honig, etwas Rahm oder Sauerrahm dazugeben – soviel, bis das Salz neutralisiert wird.
Salat-Dressing: 1 TL Honig oder etwas Zucker beimengen.
Nudeln (zu viel Salz im Nudelwasser): Gekochte Nudeln noch einmal kurz in reinem Wasser aufkochen lassen und mit heißem Wasser abspülen.
Suppen: eine rohe, geschälte Kartoffel mitkochen und danach entfernen. Alternativ die Suppe mit Wasser verdünnen oder ein rohes Eiklar hinzugeben und einmal aufkochen lassen. Das gestockte Eiklar danach abseihen.
Sonstige Gerichte, zum Beispiel Eintöpfe: Eine rohe, geschälte Kartoffel zugeben und etwa 15 Minuten mitkochen, eventuell in Scheiben schneiden. Danach Kartoffel wieder aus dem Essen entfernen. Alternativ eine Scheibe Brot oder Brotrinde für fünf Minuten mitkochen.

Sauerrahm

Rahm, der mit Milchsäurebakterien versetzt wurde, zeichnet sich durch einen säuerlichen Geschmack und eine etwas festere Konsistenz aus. Vorsicht beim Einsatz in der Küche: Sauerrahm flockt aus, wenn man die Flüssigkeit noch einmal aufkocht, Crème fraîche dagegen nicht. Rührt man jedoch mit einer Gabel in den Sauerrahm einen kleinen Löffel Mehl ein, so flockt er nicht aus.

Säuerungsbad

Damit kann die Farbe von weißem Gemüse und schnell braun werdendem Obst, das sich an der Luft leicht verfärbt, weitgehend erhalten werden: ½ bis

1 TL Zitronensäure oder den Saft von ½ bis 1 Zitrone und wenig Wasser auf 1 kg geschnittenes Gemüse oder Obst geben, alles gut vermischen und abtropfen lassen.

Sautieren →Kurzbraten

Anbraten von kleinen Stücken Fleisch, Fisch, Früchten oder Gemüse in einer Sautierpfanne, einer Schwenkpfanne: Dabei wird der Inhalt öfter geschwenkt, damit er gleichmäßig braten kann. Den gleichen Effekt erzielt man, wenn man das Bratgut häufig von der Mitte zum Rand hin „schupft". Wichtig sind dabei ein schwerer Boden der Pfanne sowie die passende Größe der Wärmequelle, damit sich die Hitze gleichmäßig auf dem Pfannenboden verteilen kann. Auch ein entsprechend geformter Rand ist wichtig, sodass das Stückgut in der Pfanne bleibt und nicht aus der Pfanne springt. Gewürzt wird meist erst nach dem Anbraten.

Durch das Braten werden aus den zu garenden Stücken Säfte frei, die dann am Boden →karamellisieren, einen sehr angenehmen Geschmack entwickeln und mit Butter, Wasser, Gemüsesaft, Alkohol oder Suppe abgelöscht und zu einer schmackhaften Sauce, vielleicht mit etwas Obers, verwandelt werden können.

Schröpfen

Das Einschneiden des Fischfleischs, zum Beispiel beim Karpfen, damit die Gräten nicht gezogen werden müssen. Durch das Schröpfen werden die Y-förmigen Gräten zerschnitten. Sodann mariniert man die entstandenen Spalten mit ein wenig Zitronensaft, wodurch sich die Gräten so erweichen, dass man sie gefahrlos mitessen kann.

Sieden

Sieden bedeutet Kochen am Siedepunkt. In der Physik versteht man darunter den Übergang vom flüssigen in den gasförmigen Zustand, welcher am Siedepunkt stattfindet. Durch die Hitze bilden sich Dampfblasen in der Flüssigkeit, diese verdampft also schon in ihrer flüssigen Form.

Diese Dampfblasen steigen auf und werden dort freigesetzt, wo die Flüssigkeit in den Gasraum, in die Luft, übergeht. Dampf steigt auf, die Flüssigkeit verflüchtigt sich. Der Dampfdruck war dabei größer als der Druck der Luft, wodurch die Blasen aufsteigen konnten. Die Flüssigkeit wird dadurch auch weniger!

Sitzen bleiben (beim Teig)

Wenn der Teig beim Backen nicht aufgeht, wird er innen speckig – er bleibt sitzen! Meist ist das bei Germteig der Fall, wenn die Germ nicht mehr frisch ist oder falsch behandelt wurde. Es kann auch bei so manchem Auflauf oder Soufflé passieren, wenn sie nicht aufgehen.

Speisen färben

Das geht mit natürlichen Farben: Safran oder Kurkuma färbt gelb, Spinat oder Bärlauch grün, Paprika rot, →Zuckercouleur braun. Außerdem gibt es dafür ungiftige Lebensmittelfarben.

Speckig (beim Teig)

Wenn der gebackene Teig horizontal in der Mitte eine Schicht hat, die wie nass aussieht oder so wie Speck, ist er nicht aufgegangen und daher speckig.
In Backteigen kann man zum Beispiel teilweise fein geriebene Nüsse statt Mehl verwenden, aber sie müssen immer sehr gut untergemischt werden, denn durch ihren hohen Fettgehalt könnte sich die Nussmasse teilweise absetzen und den Teig speckig machen. Das wirkt dann wie eine glasig-mittelgraue, eher feste Schicht, die natürlich nicht so gut schmeckt und noch weniger gut aussieht! Desgleichen kann Topfen durch zu starke Bearbeitung, zum Beispiel durch Rühren in der Küchenmaschine, speckig werden. Er geht nicht mehr auf, auch er bleibt sitzen.

Speisestärke

In der Küche meist als Kartoffel- oder Maisstärke eingesetzt. Immer in kaltem Wasser anrühren, verkleistert (bindet) bei Hitzeeinwirkung ab

Spicken →Grüner Speck

Das ist das Hineinschieben von „grünen" Speckstreifen in die oberste Schicht der verschiedensten Fleischsorten. Dadurch kann das Fleisch beim Braten den gerinnenden Speck aufnehmen und wird dadurch saftiger. Zum Spicken steckt man Speckstreifen von etwa 5 mm Durchmesser in beliebiger Länge auf eine spezielle Spicknadel und zieht diese durch die oberste Schicht des Fleisches. Oder man schneidet diese Streifen an einer Seite schräg zu und friert sie ein. Dann steckt man diese steifen Speckstäbchen mit ihrer schrägen Spitze an den passenden Stellen ins Fleisch, was man „mit der Faser spicken" nennt. Dabei sollte man darauf achten, dass man immer entlang der Fleischfaser sticht. Würde man quer stechen, käme man nicht weit!

Für diesen Vorgang kann man auch verschiedenfarbige, gefrorene Gemüsestifte verwenden, was dann die Bratenscheiben sehr dekorativ aussehen lässt.

Spiegel

Einen Spiegel bildet man, indem man ein wenig Sauce, ob süß oder pikant, auf einen Teller gießt und sie dann eventuell noch durch Schwenken des Tellers oder durch Klopfen auf die Unterseite auf dem ganzen Teller in einer dünnen Schicht verteilt. Der Saucenspiegel dient meist als kontrastierende Zierde für eine Speise, die daraufgelegt wird.

Stauben →Mehlieren

Scheiben von Fleisch oder Fisch werden vor dem Braten „gestaubt", das heißt mit einer leichten Mehlschicht versehen, um für die Sauce eine gebratene Bindung zu erhalten, ähnlich wie bei einer Einbrenn.

Eine andere Methode ist, ein wenig glattes Mehl über das fast fertige Gericht zu sieben oder in die Sauce einzurühren, um dadurch eine bessere Bindung zu erreichen. Ist die Mehlmenge etwas größer, so sollte man sie zuerst mit kaltem Wasser anrühren und dann in die heiße Masse einarbeiten. Dann muss die Zubereitung etwa 10 Minuten kochen, damit sich der Mehlgeschmack verflüchtigt.

Stielkotelett

Das ist ein Ausdruck für kleinere Koteletts, die noch am Knochen haften, und bei denen man das Fleisch dort, wo es nur ganz dünn anhaftet, entfernt oder wegschabt, sodass der Knochen sozusagen als Stiel sichtbar ist. Besonders oft bei Lammkoteletts.

Stocken

Das Festwerden einer Speise durch das Gerinnen von darin enthaltenem Eiweiß oder Gelatine (zum Beispiel bei Creme brulée oder Eierstich) oder auch durch Säuern der Milch, die dann in Klumpen ausfällt.

Strunk

Das ist der Teil der Wurzel, der sozusagen die Blätter festhält oder das Ende des Stängels, der die Frucht hält, zum Beispiel bei Tomate, Paprika oder anderen. Besonders stark ausgebildet ist der Strunk bei allen Kohlarten oder bei Fenchel. Da dieser Teil immer sehr fest und hart ist, schneidet man ihn weitgehend heraus. Jedoch sollte man vorher überlegen, ob man den Zusammenhalt der Blätter noch für die Zubereitung braucht.

Stürzen

Eine gegarte Speise durch Umdrehen ihrer Form auf ein Serviergeschirr gleiten lassen, sodass der vorherige Boden nun oben ist.

Tapenade

Eine Paste aus entsteinten schwarzen Oliven, Sardellen, Kapern oder Knoblauchzehen, die gecuttert wird und der ganz langsam, am besten tropfenweise, grünes Olivenöl eingerührt wird. So entsteht nach dem Würzen mit Zitronensaft und Pfeffer eine homogene Creme, die als Vorspeise gut zu einem kleinen Salat mit Weißbrot passt.

Tarte

Ein flacher, dünner Teigboden, der aus den verschiedensten Teigarten hergestellt werden kann, meist jedoch aus Mürbteig gemacht wird. Diese Teigplatte bettet man in eine runde, niedrige Form mit schmalem Rand und belegt sie mit einer salzigen oder süßen Mischung. Im Rohr wird nun alles knusprig gebacken.

Tellerprobe

Wenn man eine heiße Speise kosten will, so gibt man ebenfalls ein bis zwei Esslöffel davon auf einen kalten Teller und verteilt sie zum Abkühlen ein wenig, danach kann man sie kosten.

Temperieren

Bei Speisen heißt es, sie vorsichtig warm, aber nicht zu heiß zu machen, damit sie nicht durch die Hitze leiden: Wenn beispielsweise kalte Butterstückchen für mehr Molligkeit eingerührt worden sind, trennt sich die Butter wieder von der Masse, wenn sie zu heiß wird, und schwimmt nach oben! Das Gleiche passiert bei einer Speise, in die ein roher Eidotter eingerührt wurde.

Sanftes und vorsichtiges Erwärmen von Schokolade auf nur etwa 40 °C, damit sie ihren Geschmack behält und die Kakaomasse homogen bleibt.

Tomatieren

Darunter versteht man, eine Speise mit Tomatensauce oder Tomatenmark zu vermengen (nicht zu verwechseln mit →Tomatisieren).

Tomatisieren

In ein Gericht geröstetes Tomatenmark oder -püree einarbeiten, damit man durch die Röstung eine braune Farbe und einen guten Geschmack erzielt (nicht zu verwechseln mit →Tomatieren).

Tranchieren

Bezeichnet das richtige und kunstgerechte Zerlegen von Fleisch, Fisch und Geflügel, aber auch von Obst und Gemüse. Dabei wird in der Regel ein spezielles Tranchierbesteck verwendet.

Tränken oder anfeuchten

Lebensmittel oder Zubereitungen werden mit einer aromatischen Flüssigkeit beträufelt, damit sie mehr Geschmack annehmen und nicht so trocken schmecken, zum Beispiel gebackene Kuchenteige.

Überbrühen →Blanchieren

Mit kochend heißem Wasser übergießen, 2 bis 3 Minuten im heißen Wasser lassen, es dann abgießen und den Topf mit sehr kaltem Wasser auffüllen, um eine rasche Abkühlung zu erreichen und die Masse nicht unnötig der Hitze auszusetzen. In der Regel macht man das, um die Haut von Mandeln oder von

Tomaten zu entfernen beziehungsweise, sie schälbar zu machen. Damit tötet man auch auf der Außenhaut befindliche Keime ab.

Überkühlen lassen

Manchmal steht in einem Rezept vor der Zugabe von Paprikapulver oder einem Ei oder nach dem Anbraten von Zwiebeln „überkühlen lassen", danach das Paprikapulver oder das Ei zugeben. Das soll heißen: Pfanne oder Topf vom Herd nehmen, beim Paprika auf etwa 70 °C bis 80 °C abkühlen lassen, beim Ei noch mehr, und erst dann das Pulver oder das Ei dazumischen. Warum? Paprikapulver, Curry, Ei und so manch andere Zutat vertragen keine große Hitze: Das Pulver wird bitter, das Ei stockt und setzt sich in Flocken ab.

Wird aber bei milder Hitze verrührt, ist alles in Ordnung, es kann anschließend wieder weiter erhitzt werden, besonders dann, wenn noch Zutaten, wie zum Beispiel Flüssigkeiten, dazukommen.

Unter- und übergießen

Das Besondere daran ist, dass man beim Untergießen die Flüssigkeit neben den Braten gießt, beim Übergießen jedoch auf den Braten!

Das Untergießen dient dazu, dass Feuchtigkeit im Backrohr entsteht und die umgebende Luft feucht ist und bleibt. Dabei sollte man das Rohr vorwiegend geschlossen lassen. Diese Methode wird verwendet, damit die aufgetragene Würze auf dem Braten bleibt und nicht abgespült wird.

Beim Übergießen sollen die Würze und die Flüssigkeit auf dem Fleisch verteilt werden, damit die oberste Schicht nicht austrocknet und durch die würzige Sauce Geschmack erhält.

Beim Niedrigtemperaturgaren (siehe S. 123ff) muss man nicht übergießen, weil die niedere Temperatur die Zellen nicht platzen lässt, der Fleischsaft daher nicht ausrinnt. Die Würze bleibt auf dem Braten und die umgebende Luft trocknet den Braten im Rohr nicht aus, weil sie nicht so heiß ist. Die Sauce wird hier separat hergestellt, weil der Fleischsaft ja im Fleisch bleibt.

Unterheben

Meist meint man damit das Einarbeiten von geschlagenem Eiweiß oder Obers in eine andere Masse: Beides immer nur so fest schlagen wie die Masse, in die eingerührt werden soll. Nur so lässt sich beides ohne Verlust und ohne Komplikationen einrühren und bringt seine volle Wirkung! Dabei immer zuerst ein Drittel der geschlagenen Masse einrühren und dann den Rest.

Das Ergebnis ist so wesentlich besser, denn das Steifgeschlagene hinterlässt sonst kleine Brocken in der Masse, wird nicht schön glatt und man rührt dadurch auch viel zu lange unter und erzielt nicht mehr den luftigen Effekt.

Wenden

Mit Hilfe eines flachen Deckels oder eines großen, flachen Tellers können beispielsweise Rösti gewendet werden: Man setzt den Deckel mit der Innenseite oder einen Teller auf die auf der einen Seite gebräunte Speise in der Pfanne und dreht die Pfanne mit dem darauf gepressten Deckel oder Teller um, sodass nun das Bratgut auf dem Deckel/Teller liegt. Vorsicht: Den Deckelgriff (Teller) mit einem dicken Tuch zu halten schützt vor Verbrennungen, denn es wird augenblicklich sehr heiß. Nun kann man für die andere Seite frisches Fett erwärmen, ohne sich die Hand zu verbrennen. Anschließend lässt man das Bratgut vom Deckel/Teller in die Pfanne gleiten und bräunt die zweite Seite.

Zesten reißen

Mit einem speziellen kleinen Gerät, dem Zestenreißer, schneidet man aus der Haut von ungespritzten Zitronen oder Orangen kleine Streifen ab, die Zesten, die man dann für besondere Zubereitungen verwendet. Sie enthalten Zitrusöl, dessen Geschmack gerne für Süßspeisen und für gewisse Sudzubereitungen gebraucht wird. Zesten kann man auch auf Vorrat in Sirup einkochen oder auch für später einfrieren.

Ziselieren

Gemüse mit einem kleinen, speziellen Messer in eine bestimmte, ansprechende Form schneiden, um ein angenehmes Bild auf dem Teller zu erreichen oder möglichst gleich große Stücke für ein gleichmäßiges Garen zu erhalten. Die Abfälle kann man für einen Gemüseeintopf oder ähnliches verwenden und im Tiefkühler zwischenlagern.

Sehr dicke Fleischteile wie spezielle Bratenstücke mit einem Messer einschneiden, damit die Hitze besser eindringen kann. Dicke Teile eines Fisches einkerben, damit sie gleichzeitig mit den dünneren Teilen gar werden. Die Haut eines Fisches nur leicht einschneiden, damit sie nicht einreißen kann.

Zuckercouleur

Zuckercouleur wird durch →Karamellisieren hergestellt indem man den Karamell so dunkel werden lässt, dass er nicht mehr süß sondern bitter schmeckt. Er wird gelöst und kann so zum Färben von Lebensmitteln verwendet werden.

Zudecken

Das Zudecken von fertigen Zubereitungen, die noch heiß oder warm sind, ist sehr problematisch: Durch den Luftabschluss und den Wärmestau können sie schnell sauer werden und sind nicht mehr genießbar. Deshalb niemals beim Abkühlen zudecken, außer beim →Nachquellen!

Insbesondere klare Suppen oder Kochsud können schnell sauer werden. Der Abkühlbereich zwischen 45 °C und 5 °C ist dabei entscheidend: Bakterien fühlen sich in diesem Temperaturbereich besonders wohl, also sollte dieser so schnell wie möglich vorbei sein. Um rasch kühlen zu können, sollte keine Abdeckung auf dem Gefäß sein, damit die Luft von allen Seiten einströmen und die Wärme entweichen kann. Auf keinen Fall sollte die warme Suppe umgerührt werden, denn so gelangt vermehrt Sauerstoff in die Suppe und die Bakterien können sich gut vermehren. Von Vorteil ist es, einen kalten, metallenen Schöpfer als eine Art „Antenne" vor dem Kühlen in die Suppe zu stellen. Die Hitze im Kern der Suppe kann so besser abgeleitet werden.

Rasches Abkühlen mit Hilfe von Gefrierpaketen hilft dabei sehr gut. Nicht empfehlenswert ist ein gekippter Deckel, denn hier kühlt alles zu langsam ab. Wenn Zubereitungen viel Fett enthalten, so ist zu bedenken, dass die beim Abkühlen entstandene, obenauf schwimmende Fettschicht ebenso einen Deckeleffekt erzeugen kann. Man sollte deshalb die entstehende Fettkruste durch Rühren beseitigen beziehungsweise sie frühzeitig abzunehmen beginnen, damit Luft dazukommen kann.

Küchengeräte und Küchenzubehör

Abseihtuch, Seihtuch

Ein spezielles Tuch aus mehreren feinen Gewebeschichten. Durch das Tuch kann eine Flüssigkeit klar abrinnen, dabei bleiben die festen Bestandteile zurück. Auch eine saubere Baumwollwindel erfüllt diesen Zweck. Das Tuch vor dem Gebrauch immer feucht machen und gut auswringen, damit es so wenig wie möglich von der Abseihflüssigkeit aufsaugen kann. Größere Teile in der Flüssigkeit wie beispielsweise Knochen vorher entfernen.

Wenn man viele feine Bestandteile ausfiltern will, so verlegen sich die Gewebeöffnungen oft schnell: Dann kann man das Tuch aber samt seinem Inhalt im Sieb ein wenig zu einer freien, unbenützten Stelle ziehen, dann rinnt es wieder ab. Für eine einwandfreie Hygiene kann man das Tuch von der Rückseite her ausspülen und dann auskochen. Dabei aber keinen Weichspüler verwenden, denn sein Geschmack würde das Abseihen beeinträchtigen. Um den Waschpulvergeschmack restlos zu entfernen, sollte immer gut gespült werden.

Bräter

Das ist ein meist gusseiserner, größerer Topf mit Deckel, in dem die Wärme langsam, aber sehr gleichmäßig abgegeben wird. Er wird auch als Schmortopf bezeichnet, weil man darin Schmorgerichte zubereitet.

Brotmaschine

Sie schneidet nicht nur Brot, sondern auch Fleischscheiben, wobei man das Fleischstück am besten kurze Zeit vorher anfriert. Zweckmäßig wäre auch der Tausch der Messerscheiben: für Fleisch ist eine Scheibe ohne Zähne zweckmäßig, dadurch entstehen glattere Scheiben. Möchte man ganz hauchdünne Scheiben für ein Carpaccio, so sollte man das Fleischstück fast ganz durchfrieren. Man könnte aber auch die etwas dickeren Fleischscheiben zwischen einer Folie sanft ausklopfen, bis sie dünn genug sind.

Buntschneidemesser

Dieses meist kurze Messerchen hat eine gezackte Schneide, mit der man von rohem oder gedünstetem Gemüse wie zum Beispiel Karotten, Zucchini, Rettich oder Gurken oder von der gekühlten Butter gezackte Scheiben abschneiden kann.

Durchschlag

Ein großes, flaches, rundes Lochsieb aus Edelstahl oder Kunststoff, mit einem etwa 10 cm hohen Rand. Es wird vor allem zum Passieren verwendet. Darunter wird eine passend große Schüssel gestellt, die dann die passierte Masse aufnehmen kann. Oben gibt man das Passiergut hinein und drückt diese Masse mit einer Teigkarte oder einem Passierholz durch das Siebgeflecht. Dabei sollte man die Karte so halten, dass sich die runde Kante der Karte zwischen Daumen und Zeigefinger befindet.

Vorsicht beim Ausspülen: Immer von der Seite das Wasser durchfließen lassen, auf der sich die durchpassierte Masse befand. Auf der anderen Seite sind die Teile, die nicht durch den Siebstoff gegangen sind. Durch das Zurückspülen kann man dann diese Teile leichter entfernen.

Ganz besonders wichtig ist, wenn zum Beispiel roher Fisch für eine Farce durchpassiert wurde: Erst mit kaltem Wasser gründlich spülen! Werden die Reste mit heißem Wasser in Verbindung gebracht, bindet das Fischfleisch auf dem Siebstoff ab und lässt sich nur sehr schwer entfernen.

Elektromesser

Ein elektrisch betriebenes Messer schneidet auch schwieriges Material, wenn man es ohne großen Druck über die zu schneidende Masse führt.

Fleischgabel

Eine zweizinkige Gabel, mit der man Dinge aufspießen, anheben und wenden kann: Doch Vorsicht beim Gebrauch ist geboten, da sie auch das Geschirr, besonders die beschichteten Pfannen beschädigen kann. Wenn Lebensmittel und speziell Fleisch damit angestochen werden, rinnt Saft und damit Geschmack aus, das Gargut wird dadurch trockener und zäher. Auch beim Fleischhauer darauf achten, wie sorgfältig er eine solche Gabel verwendet. Als Ersatz nimmt man beim Kochen eine Zange, die keine oder nur abgerundete Zähne besitzt und die es in vielen Ausführungen gibt.

Fleischklopfer

Man verwendet die glatte Seite eines Klopfers, um Fleischscheiben dünner und damit größer zu machen. Meist braucht man diese Scheiben für Rouladen oder für Carpaccio. Man sollte das Fleisch nur sehr sanft mit dem Klopfer behandeln, damit möglichst viele wertvolle Inhaltsstoffe drinbleiben und einen guten Geschmack erzeugen können.

Der Fleischklopfer hat auch eine mit Spitzkegeln versehene Seite, mit der man die Fleischstruktur zerschlagen kann, um das Fleisch weicher zu machen, das dann aber keinen oder fast keinen Fleischsaft mehr enthält. Der Klopfer sollte ein Notbehelf bleiben!
Als sehr guter Ersatz für einen nicht vorhandenen Fleischklopfer kann auch eine kleine Pfanne mit Stiel dienen.

Fleischwolf

Eine mit Hand oder Motor betriebene Maschine, mit der man Fleisch und andere Lebensmittel in kleinste Stückchen zerschneiden kann. Das Ergebnis ist eine Masse, die man im Geschäft als „Faschiertes" erhält. In der Regel gibt es auch bei einer Küchenmaschine eine Fleischmaschine zum Aufstecken. Wichtig wäre, dass man solch eine Maschine nach der manuellen Reinigung noch für einige Zeit ins mindestens 100 °C bis 120 °C heiße Backrohr gibt, um auch alle Keime vollständig zu beseitigen.

Flotte Lotte

Sie wird auch Passiermühle, Gemüsemühle, Passiergerät genannt. Es ist ein Küchengerät, das zum Passieren von Früchten, Gemüse oder anderen Lebensmitteln dient.

Das Gerät besteht aus einem siebartigen, meist leicht abgeschrägten Boden, über den eine Welle mit rotorartigen Blättern angebracht wird. Mittels einer Kurbel können die Blätter in eine Drehbewegung versetzt werden und pressen so die in das Gerät gelegten Lebensmittel durch den Siebboden: Durch das Sieb tropft oder fällt, je nach passiertem Lebensmittel und der Feinheit des Siebs, Saft oder Brei. Bei einigen Geräten lässt sich das Bodensieb wechseln und so die Feinheit variieren. Die „Flotte Lotte" wird etwa zur Herstellung von Apfelmus, Saucen, Gemüsepüree, Babynahrung, Marmelade oder Fruchtsaft verwendet.

Förmchen für Wasserbad

Eine Masse geht aus einem Förmchen nur heraus, wenn an die Unterseite der Masse Luft zufließen kann. Ansonsten entsteht ein Vakuum, das die Masse im Förmchen festhält.

Man muss also darauf achten, dass Luft zum Boden des Förmchens gelangen kann. Das kann zum Beispiel durch Aufklopfen der gestürzten Form geschehen. Daher sind diese Förmchen konisch, weil dadurch beim energischen Aufstoßen eher Luft zum Boden gelangt. Oder durch das Lösen der Masse mit Hilfe eines Messers, das man zwischen Masse und Form rundherum führt und dadurch die Masse löst.

Auf jeden Fall sollte die Wand eines Förmchens vor dem Füllen einen groben Belag erhalten. Man bestreicht mit zimmerwarmer, nicht flüssiger Butter die Wand und bestreut diese mit grobem Zucker, Brösel oder Nüssen – auch den Rand!

Fritteuse

Ein elektrische betriebenes Gerät, das man zum Frittieren, also zum Kochen in heißem Öl, verwenden kann. Es hat einen Thermostat, um die Temperatur zu regeln, die konstant bleiben soll, weshalb man nicht zu viel kaltes Frittiergut einfüllen sollte.

Tipp: Eine Fritteuse könnte man auch mit Wasser füllen und zum Pochieren zum Beispiel von Fisch verwenden – sie bietet eine gleichmäßige Temperatur.

Garnadel

Etwa 10 cm lange Nadel von etwa 2 mm Durchmesser, mit einem Ring zum Aufhängen am Ende. Man prüft damit den Gargrad von zum Beispiel

Kartoffeln oder Birnen. Hat man so etwas nicht, kann man sich mit einer Stricknadel behelfen.

Eine Stricknadel von etwa 4 bis 5 mm Durchmesser eignet sich sehr gut, um den Gargrad von Kuchen und Torten zu prüfen: Haftet noch etwas Teig nach dem Herausziehen auf der Nadel, ist er noch nicht durch. Ist er durchgebacken, bleibt die Nadel beim Herausziehen sauber.

Gewürzei oder -kugel

Damit Gewürze, auf die man nicht gerne beißen oder sie schlucken möchte, wie zum Beispiel Pfefferkörner, Ingwerstücke, Knoblauchknollen, Nelken oder feste Blätter, nicht mühsam aus einer Flüssigkeit entfernt werden müssen, gibt man sie in einen metallenen Behälter, der meistens die Form eines Eis hat und aus zwei verschraubbaren Hälften besteht. Mit Hilfe eines Kettchens kann man dieses „Gewürzgefängnis" zum Mitkochen an den Rand des Topfes hängen. Bessere Exemplare bestehen aus Siebgeflecht und sind auch sehr viel größer. Wenn man dieses Metallgefäß nicht verwenden möchte, gäbe es noch die Möglichkeit, sich ein Stoffsäckchen zu besorgen, welches sonst zum Aufbrühen von Tee verwendet wird.

Gummi- oder Teigschaber

Ein löffelförmiger Spatel an einem Stiel, mit dem man Töpfe und Schüsseln ausschaben kann. Hitzebeständige Spatel bestehen aus Silikon.

Gusseisengeschirr

Kochgeschirr aus diesem Material eignet sich sehr gut zum Schmoren, Braten und zum Garen im eigenen Saft. Da der Deckel sehr schwer ist, schließt er sehr gut ab.

Allerdings sind solche Töpfe und Pfannen vom Gewicht her sehr schwer, aber sie sorgen dadurch auch für eine konstante, gleichmäßige Wärme. Zum Anbraten kann man die Fette und Öle verwenden, die man sonst auch verwendet. Reinigen sollte man Gusseisengeschirr nur mit Wasser und einer Spülbürste, vom Reinigen im Geschirrspüler wird abgeraten. Essensreste sollte man darin nicht länger aufbewahren, weil das Geschirr Rost ansetzen könnte. Deshalb sollte man sie auch nach dem Reinigen sofort sorgfältig abtrocknen und leicht einfetten.

Handmixer

Geräte mit verschiedenen Auf- 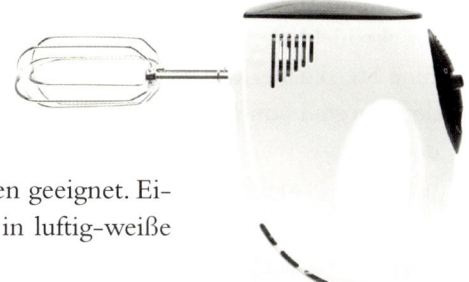 sätzen zum Rühren, Aufschla- gen und Kneten von flüssigen und festeren Mengen wie zum Beispiel den verschiedenen Teigarten geeignet. Ei- weiß und Obers kann man damit in luftig-weiße Gebilde verwandeln.

Sehr angenehm und praktisch ist ein Gerät mit einem aufsteckbaren Schneebesen. Ob mit dem Hand-Schneebesen oder mit solch einem Aufsatz bekommt man beim Aufschlagen von Schlagobers, Eidottern und Eiklar viel bessere Ergebnisse. Unbedingt aber benötigt man einen solchen Schneebe- sen, ob manuell oder elektrisch betrieben, zum Aufschlagen von Eidotter oder Eiklar über Dampf. Mit einem Quirl funktioniert das nicht, denn damit kann man die Masse nicht so gut von der Wand der Schüssel wegrühren wie mit einem Schneebesen. Dadurch würde die Masse, die an der Schüsselwand übrig bleibt, schnell fest werden, sodass die gewünschte Konsistenz nicht erreicht werden kann. Mit dem beigegebenen Knethaken kann man mit einem Hand- mixer auch Germteige gut durchkneten.

Kartoffelpresse

Ein Küchengerät, durch das man gekochte 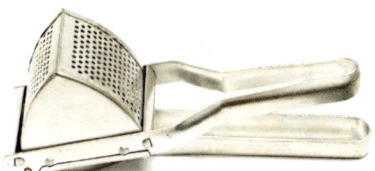 und noch warme Kartoffeln pressen kann, um Brei oder Püree herzustellen.

Kartoffelwiege

Ein leicht gebogenes, etwa 20 cm langes und 10 cm breites Metallstück mit zwei Griffen und vielen, etwa 2 bis 3 mm großen Löchern. Damit kann man gekochte Kartoffeln, aber auch weichen Käse oder gekochte Maroni durch- pressen.

Kugel- oder Parisienne-Ausstecher

Eine löffelähnliches Spezialgerät zum Ausstechen von Kugelformen bei Früch- ten oder Gemüsen, meist eine hohle Halbkugel mit einem Loch an einem Stiel zum Halten. Diese Halbkugel wird so weit ins Fleisch hineingedrückt, bis durch das Loch Saft austritt. Dann schneidet oder schält man durch Drehen eine kleine Kugel heraus.

Messer

Der Kauf eines Messers ist eine sehr individuelle Angelegenheit! In der Regel ist es empfehlenswert, zunächst nur eine unbedingt notwendige Grundausstattung zu kaufen und erst nach und nach spezielle Messer je nach Bedarf anzuschaffen. Grundsätzlich sollte man sich keine billigen Messer kaufen. Am besten ist es, sich in einem Fachgeschäft beraten zu lassen.

Der Griff größerer Messer sollte so gestaltet sein, dass man, wenn man den Griff in der Hand hält und die Schneide am Brett aufliegt, mit den Fingern nicht am Brett ankommen kann, also dass die Finger zwischen Griff und Schneidebrett oder Tisch ausreichend Platz haben.

Bei der Reinigung von Messern in der Spülmaschine sind sich die Fachleute nicht einig: Manche meinen, es schade den heutigen Messern nicht, andere

sagen, die Schneide leide immer. Man muss jedoch sicherlich auch auf den Griff achten: Ist er mit Nieten versehen, so kann sich eine Niete durch die Hitze lockern. Auch wenn der Griff aus Kunststoff ist, kann er sich durch den Spülvorgang verändern. Bei Kunststoffgriffen, aber auch bei aufgenieteten Griffen wird zudem der Spalt zwischen Metall und Kunststoff in der Spülmaschine nass, kann eventuell nur schlecht durchtrocknen und eventuell Schimmel ansetzen. Wenn man die Spülmaschine zur Reinigung benützen will, so wären im Ganzen geschmiedete Messer sicher empfehlenswert.

Messerblock

Aus Holz oder Metall gefertigter, viereckiger Behälter, in dem Schlitze für die Aufbewahrung der Messer eingearbeitet sind. Es gibt bereits Blöcke zum Aufklappen und Reinigen, bei den normalen Blöcken kann man diese Schlitze nicht reinigen und sollte daher die Messer immer peinlichst sauber einstecken! Natürlich können auch hier Schimmel und Bakterien entstehen, so sauber kann man gar nicht arbeiten!

Messermagnet

Alternative zum Messerblock: Leiste aus Holz oder Metall, mit einem Magnet unterlegt. Die Messer werden vom Magnet angezogen und festgehalten. Sicher viel hygienischer als ein Messerblock, andererseits könnte man sich an den frei hängenden Klingen verletzen.

Multihacker

Das ist ein „Blitzhacker", ein relativ kleines Gerät, das mit sehr schnell drehenden, scharfen Messern ausgestattet ist, die in der richtigen Neigung und auch nahe dem Boden das Mahlgut, auch wenn es sehr hart ist, sehr fein zerkleinern kann. Es ist durch einen Mixer oder Standmixer nicht zu ersetzen, denn es hat einen sehr viel stärkeren und schnelleren Motor und kann daher auch sehr feste Nahrungsmittel zerkleinern, zum Beispiel Nüsse. Ein Multihacker ist auch für die Herstellung einer →Farce notwendig.

Nockensieb, Spätzlehobel

Um Spätzle zu machen, benötigt man ein spezielles Sieb: Es ist ein rundes Gefäß aus Edelstahl oder Kunststoff mit einem ebenen Boden, in dem 7 bis 10 mm große Löcher sind. Dadurch drückt man den in kochendes Salzwasser abrinnenden Teig.
Ein Spätzlehobel ist länglich und hat einen kleinen Schlitten aufgesetzt, in den man den Teig füllt und ihn durch hin- und herziehen abteilen kann.

Palette oder Winkelpalette

Eine Palette ähnelt einem Messer, nur hat sie keine geschliffene Schneide und ist sehr viel elastischer. Man nimmt sie zum Aufstreichen von Glasuren und Cremen auf Torten oder zum Abheben von Keksen vom Blech.
Eine Winkelpalette hat unter dem Griff einen etwa 3 bis 4 cm breiten Knick nach unten und läuft dann gerade aus. Mit ihr kann man aus Pfannen oder Blechen Stücke herausheben oder zum Beispiel in einer Pfanne eine weiche Schicht fein und gleichmäßig verteilen.
Man hat mit der Winkelpalette mehr Fingerfreiheit als bei der normalen Palette, deshalb ist man mit ihr besser beraten. Rostfrei sollte sie sein und leicht abgerundete Ecken haben, damit Pfannen und Töpfe nicht beschädigt werden!

Pfanne

Metallpfannen: Sie haben meist einen schweren Boden und können sehr hoch erhitzt werden ohne sich zu verformen. Darin klebt nichts an, wenn die Pfanne heiß genug sind, bevor man das Bratgut einlegt. Ein Vorteil ist, dass man auch mit einer Metallspachtel darin arbeiten kann, ohne den Boden zu beschädigen.

Pfannen mit Waffelboden: Hier entsteht ein kleiner Luftpolster durch die Lamellen zwischen Boden und Speise. Sie wird gerne als Grillpfanne für Steaks oder gegrilltes Gemüse verwendet. Bei der Reinigung ist zu beachten, dass sich Röststoffe gerne entlang der Rillen ansetzen. Beschichtete Pfannen daher am besten gut einweichen und keine scharfen Schwämme verwenden!

Beschichtete Pfannen: Sie sind ausgesprochen angenehm für alle Zubereitungen, weil sich nichts ansetzt und alles leicht wenden lässt, zum Beispiel Eierspeise, Palatschinken, Omelette oder Fisch. Eine gute Bräunung ist mit einer beschichteten Pfanne jedoch nicht so leicht zu erreichen, da sie ja auch nicht so stark erhitzt werden darf. Man unterscheidet:

- **PTFE** (Polytetraflourethylen): sollte nicht über 230 °C erhitzt werden, denn ab da beginnt die Beschichtung, sich zu zersetzen.
- **Keramikbeschichtungen** auf Siliziumoxidbasis sind sehr kratz- und hitzebeständig (bis 400 °C).
- **DLC-Beschichtungen** basieren auf diamantartigem Kohlenstoff („diamond like carbon"). Robuster als PTFE, hitzebeständig bis 300 °C.
- **Emaille-Beschichtungen:** Emaille ist eine Beschichtung aus aufgeschmolzenem Glas und somit gegen Hitze und Kratzer sehr unempfindlich, kann aber abgeschlagen werden.

Für beschichtete Pfannen gilt: auf keinen Fall leer erhitzen und nur Bestecke wählen, die die Beschichtung nicht beschädigen können. Zur Reinigung nur einen weichen Schwamm verwenden.

Spezialpfannen: Sie sind durch ihre Form an ihre Funktion angepasst und werden für besondere Kochtechniken und Gerichte verwendet. Beispiele sind der Wok aus China für schnelles, heißes Garen, eine Palatschinkenpfanne mit flachem Rand, um die Palatschinken einfach wenden zu können oder ovale Fischpfannen die viel Platz bieten.

Tipp: Wenn eine Pfanne zu heiß geworden ist, sie am besten auf einen Stein- oder Fliesenboden stellen und eventuell mehrmals umplatzieren. Wenn sie noch leer ist, kühles, aber nicht zu kaltes Wasser, weil sich sonst der Pfannenboden wegen des raschen Temperaturwechsels verwerfen könnte, über die Rückseite rinnen lassen.

Pürierstab
Elektrisch betriebenes Küchengerät aus einem Griff, an dem ein Metallstab mit rotierenden Messern am unteren Ende befestigt ist. Mit diesem Gerät kann man in einem Gefäß oder auch in einem Kochtopf Zerkleinerungen oder eine Aufschäumung vornehmen. Meist ist auch ein Schneebesen im Zubehör dabei, mit dem man kleine Mengen Rahm aufschlagen kann.

Römertopf
Ein unglasierter Tontopf in unterschiedlichster Form als Kasserole mit Deckel. Er ermöglicht das Zubereiten von Fleisch ohne Fettzugabe. Der Topf wird vor Benutzung gewässert und gibt während des Garvorganges die Feuchtigkeit an das Gargut ab. Der Braten bleibt dadurch saftig und es bildet sich eine Sauce.

Saucentrenner
Gefäß, mit dem man das Fett einer Sauce oder einer Suppe bequem abgießen kann. Es sieht aus wie eine kleine Kanne mit tief angesetzter Tülle. Man füllt die zu entfettende Flüssigkeit ein und wartet eine Weile, bis das Fett aufgestiegen ist. Wenn man nun die Kanne kippt, rinnt durch den tiefen Ausguss der Saft ohne Fettschicht aus. Das Auskippen wird beendet, wenn die Fettschicht erreicht ist.

Schneidbrett
Am beliebtesten sind immer noch die Bretter aus Holz, denn sie haben Vorteile: Sie sind relativ weich und die Messer werden dadurch nicht gleich wieder stumpf. Ist so ein Brett schon reichlich abgenützt, kann man es mit einem kleinen Schwingschleifer wieder abschleifen. Um ein Schneidbrett stabil auf dem Tisch zu halten, unterlegt man es mit einem feuchten Tuch oder einem Schwammtuch: So kann es nicht wegrutschen.

Ein Holzbrett sollte man vor der Verwendung immer mit Wasser benetzen, denn dadurch füllen sich die feinen Unebenheiten der Oberfläche und der Saft des Schneidguts, das manchmal auch stark gefärbt ist, kann nicht eindringen.

Holzbretter sind aber leider auch problematisch durch die vielen Kerben, die sich nicht vermeiden lassen: Schmutz und Bakterien können sich darin festsetzen. Eine sorgfältige Reinigung ist immer notwendig, besonders im Hinblick auf Salmonellen.

Schneidbretter aus Glas sind sehr hygienisch, aber auch extrem hart und die Messerschneide wird dadurch sehr bald stumpf.

Kunststoffbretter sind nicht so hart und daher schonender für die Messer. Doch Kerben oder Schnitte bekommen sie auch.

Schnellkochtopf

Der Schnellkochtopf, auch Druckkochtopf genannt, besitzt einen Bajonettverschluss, sodass der Deckel mit dem Topfrand verriegelt werden kann. Ein Sicherheitsventil im Deckel gewährleistet die ungefährliche Handhabung des Topfes, sollte der Dampfdruck zu hoch werden. Ein Dichtungsring rund um den Topfrand sorgt dafür, dass der Dampf dort nicht austreten kann.

Das Prinzip des Schnellkochtopfes besteht darin, dass durch den im verriegelten Topf entstehenden Dampfdruck höhere Temperaturen als 100 °C möglich sind und sich dadurch die Garzeit entsprechend verkürzt. Üblicherweise herrscht im Topf bei Betrieb ein Überdruck von 0,8 bar, dies lässt die Siedetemperatur des Wassers auf 117 °C ansteigen.

Spicknadel

Eine Spicknadel verfügt über einen Griff und eine etwa 10 cm lange, u-förmige Schiene mit einem spitzen Ende und einer Vorrichtung, in die man Speckstreifen einlegen und in das Fleisch einschieben kann. Das Einschieben sollte nicht quer zur Fleischfaser geschehen, wie es beim Aufschneiden richtig ist, sondern längs der Faser.

Spiralbesen oder Quirl

Am unteren Ende eines Spiralbesens befindet sich eine waagrecht liegende Metallspirale mit etwa 1 cm Durchmesser, mit der man am Topfboden rühren kann. Das hilft sehr, wenn man zum Beispiel eine Eiermilch verrühren will, die ohne sich anzulegen durchgemischt werden soll. Rührt man mit einem Schneebesen, so kann man nur auf einer sehr kleinen Fläche rühren, wegkratzen und mischen.

Spitzsieb

Sieb aus Metall mit Löchern oder einem Siebgitter, das wie ein Kegel nach unten spitz zusammenläuft. In ihm kann man mit Hilfe eines Schneebesens wunderbar auch dicke Breie und Flüssigkeiten absieben! Man braucht es sicher nicht oft, aber wenn, dann ist es sehr nützlich! Soll die Flüssigkeit auch von Schwebstoffen gereinigt werden, zum Beispiel bei Suppe, so kann man noch ein Seihtuch einbreiten.

Mittels eines Spitzsiebs kann man aus einer Zubereitung auch Flüssigkeit entnehmen: Man drückt den Spitz in die Masse, wodurch im Sieb Flüssigkeit zusammenrinnen kann.

Stampfer

Ein senkrechter Stiel hat am unteren Ende eine waagrechte Fläche, die aus gezackten Stegen besteht. Mit diesem Gerät kann man durch Auf- und Abbewegungen zum Beispiel Kartoffeln in heißem Zustand unter Zusatz von wenig Flüssigkeit so lange stampfen, bis Püree daraus geworden ist. Dieses Püree enthält noch kleine Stückchen. Manche bevorzugen das, weil man schmeckt, dass das Püree handgemacht ist.

Standmixer

Eine Art Becher aus Glas, in den etwa 1 Liter Flüssigkeit hineinpasst. Dieser Becher sitzt auf einem Motor, von dem zwei abgewinkelte, kreuzweise angeordnete Messer im Becher angetrieben werden. Diese Messer zerhacken durch schnelle Rotation die eingefüllte, meist eher weiche Masse zu einem mehr oder minder feinen Brei. Es wird dadurch auch eine kleine Menge Luft eingearbeitet.

Ein normaler Standmixer ist nicht geeignet, um zum Beispiel Obers oder Mayonnaise aufzuschlagen, dazu sind die Messer zu schnell.

Die Rotation des Quirls ist jedoch in der Regel zu langsam für zum Beispiel das Herstellen einer Farce oder das Hacken von Nüssen. Dafür ist ein Blitzhacker besser geeignet. Will man eine Flüssigkeit nur aufschäumen, ist ein Pürierstab zweckmäßiger.

Teigrad

Ein kleines, bewegliches Rad an einem Haltegriff, mit dem man Teig sehr gut zerteilen kann. Dieses Rädchen hat in der Regel ein Zick-Zack-Muster. So kann man gezackte Teigränder schneiden, was sehr dekorativ wirkt.

Terrinenformen

Aus Keramik oder Metall gefertigte längliche Formen, speziell für Pasteten oder Terrinen.

Zestenreißer

Eine Art Messer, mit dem man kleine, längliche Schalenstückchen von Zitrusfrüchten abschaben kann. Beim Abschaben entstehen dünne, spaghetti-artige Fäden. Man kann dieses Gerät etwas zweckentfremden, indem man festes Gemüse, wie zum Beispiel Karotten, Zucchini, Kürbis oder Kohlrabi damit bearbeitet und Gemüsespaghetti erzeugt. Kurz gedämpft, ist das eine sehr interessante Beilage.

Maße und Gewichte, Abkürzungen

Das Messen und Wiegen der einzelnen Zutaten sind wichtige Schritte beim Kochen. Von besonderer Bedeutung sind korrekte Mengenverhältnisse beim Backen sowie dem Konservieren von Lebensmitteln.

Neben analogen wie auch digitalen Küchenwaagen verwendet man Messbecher für Flüssigkeiten sowie Messlöffel und „Cups", also Becher, die ebenfalls genormten Maßen entsprechen. Bei vielen amerikanischen Rezepten wird die jeweilige Menge der Zutaten meist in *Cups* angegeben, daneben werden Gewichtsmaße in *ounces* oder *pound* angegeben. Englische Flüssigkeitsmaße findet man in älteren Rezepten oftmals als *pint*. Nachfolgende Tabellen erleichtern das Umrechnen in gebräuchliche europäische Maßeinheiten. Hat man eine digitale Waage, so lässt sich diese meist mit einem Knopfdruck auf angloamerikanische Maßeinheiten umstellen. So spart man sich das Umrechnen in Gramm.

Bei *Cups* ist zu bedenken, dass verschiedene Zutaten zwar dasselbe Volumen, aber unterschiedliche Gewichte haben. Dies ist in den Tabellen für Löffel- und Tassenmaße sowie in der Umrechnungstabelle für amerikanische Maße berücksichtigt.

Praktisch sind Meßbecher mit unterschiedlichen Graduierungen für die verschienenen Zutaten. Es gibt sie aus Kunststoff ebenso wie aus Glas oder Emaille. Sie eignen sich auch zum Mischen von flüssigen Teigen, beispielsweise für Palatschinken.

Gewichte und Flüssigkeiten

Gewichtsmaße

1 Gramm	1 g
1 Dekagramm (10 g)	1 dag
1 Kilogramm	1 kg

Flüssigkeitsmaße

1 Milliliter	1 ml
1 Zentiliter (10 ml)	1 cl
1 Deziliter (100 ml)	1 dl
1 Liter (1000 ml)	1 l

Abkürzungen in Rezepten

EL	Esslöffel
TL oder KL	Teelöffel oder Kaffeelöffel
Msp.	Messerspitze
kcal	Kilokalorien
BE	Broteinheit
Bl.	Blatt (Gelatine)

Gewichtsklassen von Eiern

1 Ei Größe	Gewicht
Small (S)	‹ 53 g
Medium (M)	53–63 g
Large (L)	63–74 g
Extra Large (XL)	› 74 g

Löffelmaße (Zirkaangaben)

1 Esslöffel	gestrichen	gehäuft
Wasser	20 g	–
Milch	15 g	–
Öl	10 g	–
Mehl	15 g	25 g
Zucker	15 g	30 g
Butter	15 g	–
Salz	10 g	40 g
Grieß	12 g	20 g
Nüsse, gemahlen	5 g	12 g
Kakao	5 g	15 g

1 Teelöffel	gestrichen
Wasser	5 g
Milch	5 g
Öl	4 g
Mehl	3 g
Zucker	5 g
Butter	5 g
Salz	5 g
Grieß	4 g
Nüsse, gemahlen	4 g
Kakao	4 g

Eine genaue Angabe von Gewichtswerten für Löffelmaße ist nur schwer möglich. Diese Maßangabe sollte man nur verwenden, wenn sie in einem Rezept, das man nachkochen will, angegeben ist. Da ist alles ausprobiert und also einigermaßen verlässlich.

Umrechnungstabelle und Tassenmaße

Umrechnungen von Mengenangaben in amerikanischen Rezepten

Amerikanische Maßeinheit	deutsche Maßeinheit
1 tbsp. (1 tablespoon)	1 großer Esslöffel
1 tsp. (1 teaspoon)	1 Teelöffel
1 cup Mehl	120 g
1 cup Staubzucker	120 g
1 cup Butter	225 g
1 cup Zucker	225 g
1 ounce (oz)	28,35 g
1 pound (16 ounces)	454 g

Tassenmaße, Europa

1 Standardtasse, 150 ml

Flüssigkeiten	150 g
Honig	200 g
Mehl	100 g
Zucker	150 g
Staubzucker	100 g
Marmelade	200 g
Öl	120 g
Kakaopulver	90 g
Nüsse, gemahlen	70 g

Für Cups, die oft in amerikanischen oder englischen Rezepten Verwendung finden, gibt es Behälter, die eine bestimmte Menge vorgeben. Sie sind also etwas sicherer zu gebrauchen als eventuell verschieden große Tassen.

Lösungen

1%ige Lösung	1 Liter Wasser, 10 g Kochsalz, Zucker, Essig, etc.
2%ige Lösung	1 Liter Wasser, 20 g Kochsalz, Zucker, Essig, etc.
35%ige Zuckerlösung	270 g Zucker auf 0,5 l Wasser
40%ige Zuckerlösung	335 g Zucker auf 0,5 l Wasser
45%ige Zuckerlösung	410 g Zucker auf 0,5 l Wasser

Gelatine

1 Blatt Gelatine	2 g
1 Liter Flüssigkeit bei normaler Außentemperatur	12 Blatt Gelatine zur Bindung im Sommer je nach Temperatur bis zur Hälfte mehr

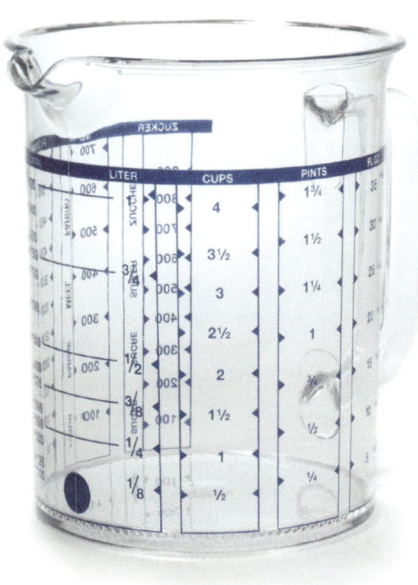

Mengenberechnung für eine Person

Suppe	1/4 l
Suppeneinlage	
Teigwaren	10 g
Mehl	10 g
Grieß	10 g
Reis	10 g
Gemüse	80 g
Vorspeise	80 g bis 100 g
Hauptspeise	
Mehl – Nudeln, Nockerl, Schmarren, Germteig	40 g bis 60 g
Reis	40 g bis 60 g
Grieß	40 g bis 60 g
Teigwaren	40 g bis 60 g
Kartoffeln	200 g
Gemüse	200 g
Fleisch	120 g bis 150 g
Fisch	120 g bis 180 g
Geflügel	200 g
Innereien	100 g
Beilagen	
Reis	30 g
Teigwaren	30 g
Kartoffeln	150 g
Gemüse	100 g bis 200 g
Mehl (Nockerl)	30 g

Temperaturen

Backtemperaturen – Abgleichung für Herde

Elektro, Ober-/Unterhitze	Elektro/Umluft	Gas
140 °C	120 °C	0–1
150 °C	130 °C	1
160 °C	140 °C	1–2
170 °C	150 °C	2
180 °C	160 °C	2–3
190 °C	170 °C	3
200 °C	180 °C	3–4
210 °C	190 °C	4
220 °C	200 °C	4–5
230 °C	210 °C	5
240 °C	220 °C	5–6
250 °C	230 °C	6

Übersicht über die Kerntemperaturen

Das ist die Temperatur, die in der Mitte des Fleischstücks gemessen werden sollte und Auskunft gibt über
den Garzustand des Fleisches:

50 °C	Das Fleisch ist noch roh und kühl
53 °C	halb durch, noch sehr blutig
55 °C	medium, sehr rosa (à point)
58 °C	zart rosa
60 °C bis 65 °C	durchgegart mit rosa Schimmer
70 °C	Das Fleisch ist durchgegart, Eiweiß stockt bei etwa 67 °C

Glossar und Index

Glossar österreichisch – deutsch

Abgerebelt .... Von Stielen und Stängeln befreit

Apfelmost .... Apfelwein

Blaukraut .... Rotkohl, Rotraut

Butterschmalz .... Geklärte Butter, Bratbutter, Butterfett, Ghee

Chicorée .... Brüsseler Spitzen

Dirndln .... Kornelkirsche, gelber Hartriegel

Dotter .... Eigelb

Eierschwammerl ...... Pfifferlinge

Eiklar .... Eiweiß

Einbrenn .... Dunkle Mehlschwitze

Einmach .... Helle Mehlschwitze

Faschiertes .... Hackfleisch

Fisolen .... Grüne Bohnen

Fleischlaibchen .... Frikadellen, Buletten

Fleischsuppe .... Fleischbrühe

Glasig andünsten ...... In Butter anbraten, ohne Farbe nehmen zu lassen

Grammeln .... Grieben

Grüner Speck .... Schweineschwarte, Schweinefett; frischer, unbehandelter Rückenspeck vom Schwein

Häuptelsalat .... Kopfsalat

Hühnersuppe .... Geflügelbrühe

Karfiol .... Blumenkohl

Karotten .... Möhren

Kirschtomaten .... Cocktailtomaten

Kletzen .... gedörrte Birnen

Knödel .... Kloß

Kohlrabi	Rübenkohl
Kohlsprossen	Rosenkohl
Kren	Meerrettich
Mai-Rübe	Teltower Rübchen
Marillen	Aprikosen
Marmelade	Konfitüre
Matjes-Heringe	junge, eingesalzene Heringe
Melanzani	Aubergine
Metzger	Fleischer, Fleischhauer
Nocken	Wiener Spezialität – große Nocken aus einem Grundteig aus Mehl, Ei, Butter und Grieß oder Mais – als Suppeneinlage, Süßspeise oder Beilage verwendet.
Nockerl	etwas größere Spätzle
Nudelwalker	Nudelholz, Wellholz
Obers, Schlagobers	Sahne, Rahm
Orangeat	Aranzini
Palatschinke	Pfannkuchen
Panier	Panade
Pastinake	Hammel- oder Hirschmöhre, Moorwurzel
Perlzwiebel	Silberzwiebel
Porree	Lauch
Powidl	Dick eingekochtes Pflaumenmus
Rauke	Rucola
Ribiseln	Rote Johannisbeeren
Rohnen	Rote Rübe, Rote Bete

Romanesco	Minarettkohl
Rotkraut	Rotkohl
Roulade	Fleischvögerl
Sack, Sackerl	Beutel, Tüte
Sauerkraut	Sauerkohl
Sauerrahm	Saure Sahne, Schmand
Schoten	Hülsen
Schwammerl	Pilze
Selchen	Räuchern – Konservieren von Lebensmitteln im Rauch
Semmel	Brötchen
Semmelbrösel	Paniermehl
Spicken	Mit Speckstiften durchziehen
Spitzkraut	Spitzkohl
Stängel	Stiele
Stifterl	Österreichischer Ausdruck für Wein in Viertelliter-Flaschen – praktisch, wenn man nur wenig Wein zum Kochen benötigt
Stoppelrübe	Herbstrübe
Suren	Pökeln
Tomate	Paradeiser
Topfen	Quark
Vogerlsalat	Rapunzel-, Feldsalat
Weingeist	Äthanol, Alkohol mit 96 Vol.-%, erhältlich in Apotheken.
Weißkraut	Weißkohl
Zitronat	Succade
Zwetschke	Pflaume

Band 2: Mehl, Milch & Ei

256Seiten, 17 x 24 cm
durchgehend farbig bebildert
Hardcover mit Lesebändchen
ISBN 978-3-7025-0914-9

Band 3: Obst & Gemüse

256 Seiten, 17 x 24 cm
durchgehend farbig bebildert
Hardcover mit Lesebändchen
ISBN 978-3-7025-0915-6

Band 4: Fisch & Fleisch

256 Seiten, 17 x 24 cm
durchgehend farbig bebildert
Hardcover mit Lesebändchen
ISBN 978-3-7025-0916-3